Orders:
Box 20725
Birmingham, AL 35216

Editorial Address:
3601 Westbury Road
Birmingham, AL 35223

Du même auteur:

L'Esthétique d'Antoine de Saint-Exupéry, Delachaux et Niestlé, Paris et Neuchâtel, 1957

La Notion de l'Absurde dans la littérature française du XVIIe siècle, Klincksieck, Paris, 1975

Raison et Déraison dans le théâtre de Pierre Corneille, French Literature Publications, York, South Carolina, 1979

André Marissel, Essai suivi de poèmes inédits d'André Marissel, Cahiers de l'Archipel, 10, Paris, 1983

Précieuses et autres indociles

aspects du féminisme
dans la littérature française
du XVIIe siècle

par

Carlo François

en collaboration avec
Georgette Falleur

SUMMA PUBLICATIONS, INC.
Birmingham, Alabama
1987

ISBN 0-917786-55-6
Library of Congress Catalog Card Number 87-61484

Printed in the United States of America

Table des Matières

Introduction   1

Aperçu historique   7

Chapitre I. Textes anciens et perspectives nouvelles   17

Chapitre II. Molière, l'avocat des femmes   53

Chapitre III. Théoriciens et praticiens de l'éducation
               féminine   89

Chapitre IV. La notion d'héroïsme et la critique
              actuelle   103

Conclusions   117

Notes   125

Bibliographie   131

Je dédie ce modeste Essai à celle qui en fut l'inspiratrice, ma chère épouse, Martha E. François. Quelques jours avant sa mort, elle se penchait encore sur les dépositions des juges et sur celles des sorcières de l'Europe du XVIe et du XVIIe siècles, dans le cadre d'un vaste projet sur la condition féminine. Elle s'est dévouée à la cause féministe et à son foyer avec autant de zèle que d'amour. C'est elle surtout qui m'a appris à voir les gens et les choses par les yeux de " l'autre" .

Georgette Falleur, ma fidèle collaboratrice, me permettra de lui exprimer ici même ma très profonde reconnaissance.

C.F.

Avertissement

Pour faciliter la lecture de cet ouvrage, nous nous sommes permis de moderniser l'orthographe des textes originaux cités, de réduire au strict minimum le nombre des notes, et de traduire nos sources critiques anglo-saxonnes quand c'était nécessaire.

Introduction

LA PRECIOSITE EST UN MOUVEMENT relativement restreint, d'inspiration féminine et d'aspirations féministes, qui eut son apogée de 1650 à 1660, approximativement, et fut tourné en dérision par un grand nombre de détracteurs. Si équivoque que soit demeurée l'appellation de "précieuse", on peut affirmer que les adeptes de ce mouvement se réunissaient dans des cercles (ruelles, salons, académies, alcôves) exigus et souvent étanches, avec ou sans le concours de partenaires masculins, pour agrémenter ou pour meubler leurs loisirs et pour marquer leur indépendance vis-à-vis des hommes et de certaines structures sociales en vigueur dans les classes supérieures de l'époque.

Il est incontestable que les plus mesquines des précieuses n'aspiraient qu'à se distinguer du vulgaire, de leurs consœurs ou des hommes et à se faire valoir surtout en essayant de lancer des modes nouvelles (attitudes, gestes, langage ésotérique); elles ne tardèrent pas à tomber dans l'excès, à verser dans l'affectation et ainsi, hélas, à discréditer l'ensemble du mouvement. Par contre, il est manifeste que d'autres précieuses poursuivaient des buts plus valables et s'efforçaient surtout de continuer à s'éduquer par la conversation sur des sujets littéraires, sociaux, scientifiques, philosophiques ou moraux. Il est même vraisemblable, comme le suggère Domna Stanton, que les plus raffinées d'entre elles, à l'instar des dandys de l'autre sexe, aient essayé de modeler leur personnalité en œuvre d'art, voire en chef-d'œuvre; les attitudes que celles-ci adoptèrent envers le beau langage et une notion sublime de l'amour montrent bien que, dans leur for intérieur, elles se soumettaient volontairement à une discipline rigoureuse de l'être et du paraître.[1]

Peu à peu, dans le secret relatif de la ruelle ou du salon, les plus sérieuses parmi elles s'autorisèrent à débattre librement tous les sujets qui avaient trait à leur condition de représentantes du "beau sexe", du "sexe faible", du "deuxième sexe"— comme les désignaient souvent les hommes de l'époque—et elles firent de leur mieux pour sonder leur identité profonde, scruter les maux divers dont elles étaient affligées et leur chercher des remèdes sans nécessairement consulter les hommes: nouvelles notions de l'amour, problème du mariage forcé, obligations conjugales et familiales, maternités successives et ininterrompues, existence d'un code qui tolère l'infidélité du mari mais proscrit celle de l'épouse, la soi-disant inégalité des sexes, les préjugés des hommes à l'égard des femmes, etc. Les plus audacieuses parmi les précieuses n'ont pas hésité à protester avec véhémence contre les sévices infligés à la femme par une société patriarcale capricieuse qui la reléguait au rang humiliant de créature inférieure, d'esclave ou d'objet de plaisir. Les Jansénistes de l'amour ont pu chercher des remèdes temporaires ou définitifs dans l'abstinence, la chasteté et la spiritualité; d'autres, plus nombreuses sans doute, ont proposé des réformes qui tendaient à bouleverser les structures sociales et même certaines institutions existantes.

On connaît l'ouvrage remarquable dans lequel Roger Lathuillère a scruté les aspects multiples et souvent contradictoires de la préciosité.[2] Son patient examen des composantes de ce mouvement lui a permis de conclure que la préciosité ne peut en aucune manière se réduire et s'assimiler à l'un de ses éléments constitutifs à l'exclusion des autres, car elle en est effectivement "le lien". Si le vocable "préciosité" était et est resté ambigu, n'est-ce pas précisément dû au fait indéniable qu'il recouvre un vaste réseau de phénomènes complexes et liés les uns aux autres dans des rapports tout aussi complexes? Un peu comme au XVIIe siècle, les critiques du XXe se posent encore la question de savoir si ce terme a toujours eu un sens péjoratif, presque par définition, ou si au contraire, sur les pas de Molière, il faut être prudent et distinguer les "vraies" précieuses des fausses et des ridicules en théorie comme en pratique. Quant à nous, nous estimons que l'équivoque devait immanquablement subsister; elle ne nous étonne pas et elle ne nous gêne pas. Ce que la plupart des critiques de nos jours admettent, en tout cas, c'est que, en théorie ou en pratique, la préciosité du XVIIe siècle constitue une phase marquante d'un mouvement plus vaste et plus répandu, celui du FEMINISME ou, mieux encore, des FEMINISMES contemporains.

Dans cet Essai, nous prenons ce mot dans son sens le plus large et le moins précis de mouvement de libération de la femme à partir de ses manifestations les plus hésitantes dans les livres sacrés, les gloses, les mythes, les légendes orales ou écrites du passé, jusqu'à ses plus récents avatars dans les domaines multiples de la pensée et de la vie contemporaines: aux manifestations timorées d'un passé long et lourd ont succédé les prises de position individuelles et collectives, les manifestes de solidarité et de combat, les projets audacieux de réformes et les modifications juridiques et sociales qui s'imposaient depuis longtemps mais tardaient à venir.

Ici, comme dans le cas de la préciosité, le vocable "féminisme" est équivoque parce qu'il recouvre un ensemble complexe d'éléments constitutifs et de liens ou de divergences dont la plupart s'expliquent aisément. Quoique parfois diamétralement opposées par la pensée, la mise en application des théories et les modalités de réalisation de certains vastes projets légitimes, Simone de Beauvoir et Betty Friedan sont pourtant d'accord pour voir dans le mouvement de libération féminine une tentative gigantesque et impérieuse de résoudre le problème "qui n'a pas de nom" mais qui exige des femmes qu'elles se perçoivent et se conçoivent dans leur nature profonde et qu'elles osent repenser la vie humaine et l'univers dans cette optique nouvelle ou recouvrée. Ici encore, au delà des divergences, des schismes, des écoles et des jalousies, le mot "féminisme" est devenu et restera vraisemblablement le dénominateur commun dont tout le monde sait "ce qu'il veut dire" pour autant qu'il demeure vague, imprécis et même équivoque; les écoles et les chapelles ne s'ouvrent qu'à partir des tentatives de formulation des dogmes, c'est-à-dire des interprétations individuelles ou à prétentions collectives. Les théoriciennes des tendances les plus diverses s'accordent indubitablement pour affirmer que les prérogatives arbitraires du "premier sexe" ont trop longtemps régenté notre monde et que le moment est venu de renverser la perspective et de permettre aux femmes de faire valoir leurs idées propres, leurs expériences immémoriales et leurs aspirations profondes. Faire en sorte que l'homme se mette honnêtement à l'écoute de la femme; ce dénominateur commun du féminisme n'était-il pas déjà celui de la préciosité, dans un siècle où l'on se pétrissait de mots communs, de lieux communs, de maximes, de vérités générales et de sens commun? Et, comme on le sait, cela n'empêcha guère les philosophes et les artistes de préciser les choses, d'apporter leur propre contribution et de rechercher l'originalité dans la pensée et dans son expression. Emancipation, libération, révolte, révolution, égalité des droits. . . Ces termes, à leur tour, ne sont-ils pas déjà devenus des dénominateurs communs sur lesquels tout le monde "s'entend"—on sait ce que cela "veut" dire—et dont découlent les interprétations les plus divergentes et contradictoires?

Dans la phrase cruciale actuelle du féminisme, trois facteurs capitaux interviennent: les impératifs de la biologie, les données freudiennes, les principes marxistes. D'une part, ces facteurs ne cessent de mener les spécialistes vers des enquêtes fort intéressantes mais très complexes; d'autre part, ces mêmes facteurs apparaissent comme des sources de divisions de plus en plus profondes au sein du mouvement. On réexamine les fonctions biologiques de l'être féminin dans des perspectives nouvelles et parfois très audacieuses qui affectent le comportement sexuel individuel et l'édifice social tout entier. Les données freudiennes, si profitables qu'elles soient demeurées, semblent parfois mener les chercheurs à une impasse; on se réfère à Lacan et puis à d'autres. Les dogmes marxistes provoquent des schismes de plus en plus prononcés selon les appartenances religieuses et politiques et en fonction des conditions économiques qui prévalent sous certaines latitudes.

Les plus convaincues de nos précieuses ont connu ou pressenti les déchirements profonds qui accompagnent toute tentative authentique de réorientation radicale et de renversement de l'ordre établi parce qu'ancien... Débutantes maladroites dans la carrière féministe, elles ont posé certains jalons qui n'ont rien de méprisable et dont leurs nièces ont su se souvenir. Qui aurait pensé que les plaidoyers de Christine de Pisan, de Marguerite de Navarre et de Marie de Gournay en faveur de l'égalité des sexes auraient un jour force de loi dans certains pays? Après Descartes, aucun esprit sérieux ne se hasarda à prétendre que l'homme est supérieur à la femme "parce que c'est ainsi. . ." ou "parce que Dieu l'a dit une fois pour toutes dans la Bible"! Certes, le bourgeois parisien du Siècle de Louis XIII et de Louis XIV n'aura pas l'envergure d'esprit nécessaire pour entendre ces plaidoyers pathétiques et fondés en raison; mais le public de Molière saura comment se comporter à cet égard. D'autre part, des esprits sérieux et des penseurs qualifiés ne manqueront pas de prendre la relève et de se mettre sincèrement à l'écoute des victimes de ce bourgeois obtus. Certains de ces penseurs auront même l'audace de se faire les porte-parole des victimes. Au bout du compte, les idées féministes murmurées ou balbutiées dans le secret des ruelles et des salons précieux finiront par s'articuler, s'affirmer et se répandre avec l'aide de certains hommes d'avant-garde et de "bonne volonté" qui ignoraient tout de leurs prédispositions hormonales, de leurs composantes biochimiques, de leurs complexes et de leur configuration cérébrale. . . Dans le dernier quart du siècle, la persévérance et des conjonctures historiques et culturelles plus favorables accompliront ce dont les précieuses avaient dû se contenter de parler et de rêver. On jettera enfin les bases de divers programmes plus ou moins audacieux visant à l'éducation des filles et des femmes.

On sait mieux de nos jours où les précieuses désiraient ou voulaient en venir; on saura mieux, plus tard, où le féminisme contemporain veut en venir et où il aboutira dans ses métamorphoses incessantes.

Aperçu Historique

LES HISTORIENS DE LA LITTERATURE sont unanimes à reconnaître qu'un lien étroit unit le mouvement des salons et celui de la préciosité. Le premier aurait pris naissance principalement dans le cadre des réunions mondaines de l'Hôtel de Rambouillet et, en particulier, parmi les intimes qui avaient accès à la célèbre "chambre bleue" d'Arthénice; le second serait issu de la mode des salons qui ne tardèrent pas à se multiplier à l'exemple de celui de la Marquise et de sa fille Julie.

Il est également bien établi aujourd'hui que le vocable de "préciosité"—tout comme ceux de "classique" et de "baroque" d'ailleurs—ne désignait à l'époque aucun mouvement organisé, aucun groupe précis, aucune école littéraire. L'adjectif "précieux", mis en circulation quatre siècles plus tôt dans certains milieux courtois, ne s'est guère utilisé comme substantif avant le milieu du XVIIe; et même alors, il s'employait déjà le plus souvent dans un sens péjoratif. Aucun auteur de renom ne s'est réclamé de cette appartenance; aucun contemporain n'a appliqué ce terme à Madeleine de Scudéry sinon pour la railler et pour la faire voir comme le paradigme de "la précieuse ridicule". En fait, on s'est gaussé à juste titre des précieuses ridicules, pédantes, artificielles ou prudes pendant une bonne partie du siècle; d'autre part, comme ce fut le cas dans d'autres querelles du temps, celle des précieuses s'envenima parfois quand des auteurs de second rang ou de bas étage qui se sentaient menacés dans leurs petites chasses gardées y prirent la part que l'on sait. Tout bien considéré—et nous y reviendrons dans le corps de cette étude—les plus grands et les plus clairvoyants mis à part, beaucoup d'écrivains sans talent ou médiocres ne se croyaient-ils pas justifiés de redouter l'intrusion des femmes dans des domaines dont ils s'imaginaient être les maîtres incontestés et exclusifs: l'Autorité, le Verbe et le Sexe? Quels que fussent les mobiles qui animèrent les meilleures et les pires précieuses, elles ne tardèrent pas à provoquer des réactions violentes et même hargneuses parmi les hommes.[1] Beaucoup des écrits satiriques qui virent le jour entre 1650 et 1660 sont insidieux ou franchement malveillants. Certains textes satiriques, plus pondérés, se contenteront de les signaler comme des originales, des femmes bizarres d'une espèce nouvelle et singulière, comme les adeptes d'une secte mystérieuse et secrète ou comme les sujets d'un royaume inconnu ayant sa propre histoire et ses propres lois. Le fait est indéniable: dès ses débuts, le mouvement précieux s'est manifesté aux yeux des hommes comme un petit monde mystérieux et incompréhensible, et sous des aspects nettement contradictoires qui éveillèrent la curiosité et l'intérêt de quelques-uns, la méfiance de beaucoup et le souverain mépris de la plupart des bien pensants. Il ne pouvait en être autrement dans une société où, s'il ne comprend, ne possède ou ne façonne pas la femme à son image, l'homme est pris au dépourvu, se sent menacé et a recours à tous les procédés dont il dispose pour sauvegarder son autorité et son prestige: la satire, la parodie, le mépris, l'insulte. Le fait est curieux: c'est surtout au théâtre que les plus farouches détracteurs de la préciosité ont manifesté leur hostilité. C'est sur les tréteaux que les plus clairvoyants des auteurs, comme Molière et Saint-Evremond ont même pris plaisir à laisser les fausses précieuses se désarticuler, se déshabiller et se désintégrer "elles-mêmes", c'est-à-dire dans le cadre de l'illusion dramatique et en fonction des exigences du "meneur de jeu". Nous verrons plus loin ce qu'on peut conclure des procédés auxquels a eu recours l'auteur des *Précieuses ridicules*. En attendant, force nous est de constater que la plupart des adversaires des précieuses les ont présentées ou représentées comme des poupées mécaniques, des pantins de guignol ou des marionnettes hors d'emploi. Ces Galatées des temps nouveaux avaient-elles décidé de ne plus se laisser manipuler par les doigts et les ficelles du Marionnettiste. . . ?

Somme toute, la plupart des institutions, des traditions et des coutumes françaises sont assez rassurantes; dans la bourgeoisie en tout cas, elles permettent à l'homme de mener une existence acceptable et même relativement satisfaisante à certains égards. C'est bien lui, l'homme, et non la femme, qui gouverne. Si par hasard son épouse ou sa fille protestent ou se rebellent contre cet état de choses, il sait comment s'y prendre pour les sermonner et les corriger; du moins, il croit le savoir. . . Il ne se pose même pas la question de savoir s'il pourrait ou s'il devrait en être autrement, car cette question est absurde par définition, et elle est donc purement oiseuse. Le monde à l'envers, le bouleversement de l'univers, la liberté des filles et des femmes, il laisse ce fatras et ces lubies aux poètes dépenaillés, aux peintres hallucinés et, surtout, aux doctes de l'Ecole qui en savent plus que quiconque sur n'importe quel sujet sérieux!

L'inconscient de l'homme du XVIIe siècle est grevé de lourdes hypothèques qu'il est vain de vouloir recenser mais sur lesquelles les historiens et les critiques d'aujourd'hui se penchent avec intérêt, en les considérant en profondeur, isolément et dans leurs rapports avec d'autres qui leur sont connexes.

Il y a une dizaine d'années, Pierre Ronzeaud[2] soulignait le rôle important qu'a joué la vieille loi salique dans l'histoire de France et dans la mentalité du Français. Cette loi fondamentale qui remonte à l'époque de Clovis contient une clause capitale qui prive les femmes du droit de succession à la couronne. Le fait que cette loi fut controversée par certains théoriciens, si important qu'il soit aux yeux des juristes, n'a pas empêché l'Etat et le père de famille français d'être les seuls dépositaires légaux du pouvoir, et d'exercer l'autorité. Eve a succombé à la tentation: c'est elle qui est responsable du péché d'Adam et il a fallu la punir. Légalement parlant, depuis Clovis, le beau sexe (mais c'est aussi le sexe faible. . .) est jugé inapte à la gestion des terres et des biens familiaux, aux emplois officiels, à l'art de la guerre et à l'accession au trône. Que le deuxième sexe revendique le droit à la connaissance, à l'éducation, à la liberté! C'est tout simplement inconcevable. . . Il s'agit, avant tout, pour la nation et pour la famille, de ne pas affaiblir "le côté de l'épée" au profit du "côté de la quenouille". En aucune manière, le royaume ne peut "tomber en quenouille", même si l'image de la Reine-Mère et celle de la Mère de Dieu jouissent encore du droit de cité dans la forteresse partriarcale. L'argument péremptoire des théoriciens du dix-septième siècle en faveur du maintien de la loi salique, est précisément fondé sur la nature exclusivement patriarcale du pouvoir et sur le lien étroit qui unira, après Clovis, l'autorité royale et l'autorité religieuse. L'épée (Dieu, Roi, Père de famille) n'admettra jamais que la quenouille domine le mousquet ou soit considérée comme son égale. Une telle anomalie est impensable; elle mettrait le monde à l'envers!

Des féministes convaincus du XVIIe siècle se sont pourtant efforcés de modifier la perspective, d'influencer l'opinion publique et de se gagner l'adhésion des femmes; ils espéraient nécessairement que des lois nouvelles viendraient un jour couronner leurs efforts, sans mettre le monde sens dessus dessous ou fomenter des troubles. Ils ont fait valoir qu'il y avait toujours eu des femmes fortes, énergiques, héroïques, voire "viriles". Ces femmes casquées et glorieuses ont prouvé par leur conduite et par leur sagesse qu'elles étaient parfaitement capables d'exercer le pouvoir avec fermeté et même de faire la guerre avec succès. D'où, les "galeries" de portraits des femmes masculinisées, qui ont orné le siècle et charmé les milieux aristocratiques. Le Père Le Moyne, poète fougueux, a ainsi mis en vedette de nombreuses femmes célèbres auxquelles beaucoup de féministes du XXe se garderaient bien de vouloir ressembler![3] Poullain de la Barre, cartésien plus lucide et plus clairvoyant, a décelé dans les intentions inavouables et dans les conséquences tragiques de la loi salique "un génocide intellectuel doublé d'un esclavage domestique et d'une exploitation institutionnelle", selon Pierre Ronzeaud.[4]

Une femme, Gabrielle Suchon[5], vint enfin prendre la relève, mais très tard dans le siècle. Elle s'insurgea contre les pratiques saliques dans les multiples institutions du pays. Elle voulait aider ses consœurs à prendre conscience de leur identité profonde et de certains de leurs droits méconnus par les hommes. Ses meilleurs réquisitoires sont violents et passionnés; ils sont d'autant plus percutants qu'ils apportent le témoignage vécu d'une victime de la tyrannie masculine et invitent les autres femmes à choisir entre la soumission éternelle et une forme courageuse d'activisme politique.

Les témoignages qui précèdent, en définitive, étaient venus trop tôt. Le public en prit connaissance avec curiosité ou indifférence. Le grand siècle à son déclin ne pouvait s'en émouvoir au point de déclencher des manifestations de masses ou de lancer des croisades. Par ailleurs, ces témoignages venaient d'intellectuels qui n'avaient pas l'écoute du peuple; ils s'adressaient à une élite. De plus, à la base même de la pyramide sociale, les plus humbles, les indigents, les travailleurs et les paysans végétaient. C'est pourtant là, au niveau le plus bas, que les femmes osaient parfois ne pas se sentir fragiles et que les hommes se savaient moins forts. C'est en effet dans la rue que les femmes de la plus humble condition ont su faire acte de présence, protester et revendiquer certains de leurs droits méconnus. Et elles l'ont fait pour des motifs économiques surtout: le droit à la vie et à la nourriture de la famille. Comme l'a bien montré Yves-Marie Berce[6], les femmes du XVIIe siècle ont joué un rôle souvent très important dans les moments de crise économique. C'est surtout en tant que mères et épouses que ces insurgées de la France pré-industrielle sont descendues dans la rue et se sont engagées. Le plus souvent, ce sont les émeutes de cherté qui entraînaient la participation active des mères de famille, le pain faisant défaut; ou bien encore, elles faisaient de même quand les hausses des gabelles, des taxes et des impôts devenaient insupportables. Ces femmes faisaient poids dans la vie publique.

Y.-M. Berce fait observer que ces révoltées n'étaient pas organisées; leurs meneuses étaient difficiles à identifier. Elles savaient pourtant tirer parti de leur infériorité juridique et de leur vulnérabilité. On fit beaucoup de bruit autour des fières Amazones des Galeries fastueuses du Grand Siècle; on passait sous silence les exploits plus modestes mais plus significatifs de leurs consœurs laborieuses quand elles descendaient dans la rue. Du salon à la rue, la distance était considérable, même si l'on passait par la ruelle des précieuses—car elles aussi eurent leurs Amazones, et nous y reviendrons... Dans l'intervalle, nous nous bornerons à rejoindre Y.-M. Berce dans ses conclusions. On sait en effet que ces Amazones populaires s'affublaient parfois de déguisements carnavalesques qui leur permettaient de mettre littéralement "le monde à l'envers" dans le cadre de certaines festivités d'origine folklorique: "Le mythe de la femme guerrière et protectrice confirmait par conséquent les situations respectives des sexes, les statuts traditionnels des uns et des autres. Mais, en même temps, il laissait imaginer la virtualité d'un moment fugitif et différent. Dans ce rêve, les femmes, de par leurs fonctions de mères collectives, de protectrices de foyers, auraient pu en ce jour extrême assurer la défense de la communauté, garantir la survie de son avenir et, par là même, montrer la force et la fidélité cachées au tréfonds de leur âme." (p. 63)

Entre les demeures aristocratiques et les taudis de la ville, dans les milieux artistiques et intellectuels, la situation économique de certaines femmes laissait à désirer mais n'était pas désespérée. Grâce au développement progressif des classes "moyennes", la condition de la femme-artiste devenait plus tolérable et était plus appréciée. Comme le souligne Jacques Thuillier[7], des femmes artistes, à l'instar de Catherine de Médicis, parvenaient à vaincre certains préjugés qui les empêchaient de mettre en valeur et à profit leur talent de peintre, de graveur ou de sculpteur. Des artistes telles que Louise Moillon, Magdelaine Herault, Marie Geneviève de Laon, Elisabeth-Sophie Chéron, Catherine Perrot, Dorothée Massé, Anne Stresor et autres, furent remarquées en leur temps; certaines d'entre elles furent même reçues par l'Académie royale. L'exercice de certains arts était donc admis "pour une femme à la fois comme vocation et comme métier" (p. 87) dans la deuxième moitié du siècle.

Par ailleurs, comme on le sait, les hommes de lettres avaient depuis longtemps appris à bien accueillir leurs consœurs. On sait aussi que celles-ci n'étaient pas de qu'on appelait "la roture" et qu'elles n'avaient pas été les dernières à inviter les hommes "chez elles". . . Et Jacques Thuillier n'avait certes pas tort de rappeler que, pour les femmes, l'apprentissage posait de grandes difficultés et que le problème des mœurs ne favorisait ni la vocation ni le métier des filles-peintres. Et c'est le siècle entier qu'il met en perspective quand il reconnaît qu'il "n'a pas suscité de Sévigné peintre, ou de Lafayette sculpteur". (p. 88) Mais cela, c'est une autre affaire. . .

De nos jours, on mène de plus en plus des enquêtes fort intéressantes destinées à mieux cerner la condition de la femme dans certains domaines précis et dans certaines régions particulières du pays. De telles recherches, plus limitées et plus ingrates que les vastes panoramas à travers les âges dont nous nous souvenons encore, vaguement parfois, sont extrêmement malaisées et exigeantes. Les rigueurs de la recherche quantitative et le recours à la statistique obligent l'enquêteur à circonscrire son horizon et à dépouiller patiemment d'innombrables archives dont l'accès est parfois difficile; beaucoup de ces documents authentiques ont même souvent disparu dans des sinistres de toute espèce. Bref, la parole est de nouveau aux historiens du XVIIe siècle; leurs plus récentes trouvailles, si fragmentées qu'elles soient, permettent de réviser certaines des généralisations hâtives de leurs prédécesseurs.

Jean-Marie Gouesse, par exemple, considère "La femme et la formation du couple en France à l'époque moderne".[8] Son enquête, quoique limitée en principe à un certain périmètre social et géographique, s'élargit pourtant prudemment dans certains cas précis (Nord, Pays Basque) et amène l'auteur à conclure que le sort des filles à marier n'est guère enviable, que les structures religieuses et juridiques favorisent l'établissement des garçons. Avant même de comparer certaines régions, il a pris soin de préciser le cadre de son enquête (les Seigneurs, les pères, les femmes, les filles, le capital féminin, l'érosion du capital) et il s'y est tenu. Ce n'est qu'au XVIIIe siècle et particulièrement dans le Nord, que les normes communes concernant le mariage, ont "glissé" du libre consentement au libre choix des époux. Il faudra la Révolution pour faire admettre l'union conjugale comme un contrat civil. Dans l'intervalle, les héritiers mâles avaient tout à gagner et les filles beaucoup sinon tout à perdre dans le vaste et prospère marché matrimonial du Patriarcat.

D'autres chercheurs disciplinés ont récemment concentré leur attention sur la condition de la femme en milieu catholique ou en milieu protestant. Nous citerons en particulier une très belle étude de Jean de

Viguerie intitulée "La femme et la religion en France, en milieu catholique, au XVIIe siècle"[9], et son pendant huguenot, sous la plume de Roger Stauffenegger.[10] Le premier souligne fort judicieusement l'importance du message de la Réforme tridentine, pour les femmes et chez celles-ci, tout comme il met en relief l'apport considérable de certains ordres religieux en matière d'éducation féminine, de charité et de bienfaisance. L'Eglise du XVIIe siècle avait déjà son "projet social" et elle le mettait en application. Le deuxième enquêteur est bien forcé d'admettre que Calvin n'avait pas formulé de projet social, avait mis l'accent sur la nature individuelle de la rédemption par la Grâce et avait mis au monde une Eglise minoritaire, dispersée et persécutée. Le fait est, cependant, que la lecture individuelle ou familiale de la Parole de Dieu en français a joué un rôle important dans le courant humaniste et dans le domaine de l'éducation féminine. Et les Huguenots exilés ont souvent trouvé des pays plus tolérants où ils ont pu étancher leur soif de justice, réaliser leurs projets sociaux refoulés et œuvrer en faveur de l'émancipation de la femme.

Lentement, très lentement et graduellement, tantôt ici tantôt là, la Française du XVIIe siècle prenait conscience de son identité profonde, de ses besoins, de ses droits méconnus et de ses aspirations. Il restait tant à faire! Claude Dulong le rappelait récemment dans le plus saisissant chapitre de son très bel ouvrage *La Vie quotidienne des femmes au Grand Siècle*.[11] Loin des salons, des cercles, des académies, des écoles, la femme était la proie des préjugés séculaires ou millénaires: elle était l'abject suppôt du Diable. Victime de ces préjugés, elle était pourchassée, persécutée, mise à mort par des hommes et par leurs institutions sacro-saintes au nom des Idées. Ce crime s'appela la Chasse aux Sorcières. Claude Dulong, dont nous nous inspirons largement dans cette fin d'Aperçu historique, met en relief les aspects les plus significatifs de cette pénible phase dans l'évolution graduelle de la condition féminine.

Il y eut des hallucinées, des visionnaires, des déséquilibrées, des démentes; il y eut surtout des malades et des désemparées. De nos jours, on traite et on guérit même les déséquilibres physiologiques et les psychoses. On a recours à des drogues multiples, aux soins des spécialistes et à des organismes officiels ou bénévoles. Nos prédécesseurs recouraient aux "simples" et aux drogues que prescrivaient surtout la sagesse populaire et des amateurs: pétun à mâcher, nicotiane, pavot, aconit, jusquiame, belladone, datura, etc.

D'autre part, croire au Diable est très naturel pour un Chrétien autant que pour les adeptes d'autres religions sous d'autres latitudes. Mais la Réforme calviniste et la Contre-Réforme catholique ont provoqué des troubles de l'âme individuelle et de l'âme collective dont les femmes du XVIIe siècle ont particulièrement souffert: on se méfiait des déviants, des non-conformistes ou des anormaux, on poursuivait les hérétiques ou les rebelles; on s'efforçait, faute de coupables parfois, de trouver des suspects, des témoins vrais ou faux, des boucs-émissaires et des victimes. Les dénonciateurs avaient beau jeu.

Les Juges qui propagèrent la chasse aux sorcières consciemment ou à leur insu, étaient persuadés que la sorcellerie existait tout autant que Satan. Ces Juges avaient-ils la moindre idée des causes profondes des phénomènes qu'ils observaient ou soupçonnaient? Que pouvaient-ils savoir en matière d'hystérie, d'épilepsie, d'aliénation mentale, de langueurs dues à l'anémie ou à la tuberculose, et de tant de troubles nerveux ou psychiques? Nos spécialistes en savent davantage en dépit de leurs controverses. Qu'il s'agisse des sorcières ou des sorciers, le tort des Juges est d'avoir donné une dimension théologique à des troubles de la personnalité qui relèvent essentiellement des sciences médicales; c'est aussi de n'avoir pas tenu compte que les comportements qu'ils réprouvaient remontaient à des traditions séculaires encore vivaces. Il est manifeste que les mesures de répression des Juges, si elles visaient à supprimer le phénomène, l'alimentaient et le renforçaient dans la pratique des choses.

Mais comment expliquer que, du milieu du XVIe siècle au milieu du XVIIe, on a brûlé en moyenne trois ou quatre sorcières pour un sorcier?

De temps immémorial, on associe la femme et la notion du Mal. La mentalité du Grand Siècle, comme celle d'autres époques, la nôtre y comprise, était paralysée par une infinité d'idées reçues, de préjugés, de superstitions et de facteurs d'ordre social et culturel inéluctables. Le syncrétisme pagano-chrétien, l'ignorance des fidèles et du "bon" clergé, la croyance générale à la "magie d'amour" et aux aphrodisiaques, les scandales provoqués par certaines "affaires de poisons"...; parmi d'autres, ces facteurs—faussement ou à juste titre—impliquaient le rôle et les fonctions ou l'intervention de certaines femmes. Et nous n'oublions pas que d'innombrables générations de femmes étaient forcées de se tourner vers leurs consœurs pour en obtenir des abortifs et des contraceptifs. La femme était non seulement impliquée; elle était présumée coupable, voire condamnée d'avance, par définition presque, hélas, depuis Eve! Par son patrimoine culturel, l'Europe du XVIIe siècle était trop profondément misogyne pour déclencher un véritable mouvement d'émancipation.

Au sein de cette Europe, la France de Louis XIII et de Louis XIV se débat encore avec les fausses croyances des ancêtres. Pour le Français, l'image de la femme est équivoque, surtout s'il est bien pensant. . . Elle suggère l'adoration ou la séduction tout autant qu'elle évoque la laideur, l'idée de vieillissement et la silhouette de la sorcière grimaçante ou celle de l'épouvantail en usage dans les régions rurales. La littérature du siècle surabonde en portraits malveillants de la vieille femme, de la Bohémienne (l'Egyptienne), de la vieille hypocrite, de la veuve hypocrite et voilée.

La fameuse théorie des humeurs est encore préjudiciable à la femme. Si celle-ci n'incarne pas carrément l'idée de péché, par ses fonctions physiologiques et par ses activités traditionnelles au foyer, elle est soupçonnée de "connivence organique" avec les mystères de la nature, de la création et de la mort. Exclue de la tradition écrite dans l'ensemble, elle est dépositaire de la tradition orale et du patrimoine folklorique; on la soupçonne donc de colporter les légendes du paganisme et les préceptes de la démonologie; on l'accuse de répandre les superstitions dans la famille et chez ses voisines, les "commères". Elle a parfois le temps de rêver, devant l'âtre, et la voilà en dialogue avec un démon, Satan lui-même, ou les éléments—le feu, en particulier. Les "sages-femmes" rendent des services inappréciables autour d'elles, mais elles éveillent les soupçons des médecins et du bas clergé. Les avorteuses existent mais elles pratiquent leur "art" dans des conditions déplorables; ne font-elles d'ailleurs pas bon ménage avec les empoisonneuses de profession? L'effrayante mortalité infantile qui sévit, les meurtres de nourrissons et d'enfants en bas âge ne vont pas sans accroître la peur de la femme, qui sous-tend la psychologie masculine.

On peut voir dans la chasse aux sorcières une tentative pénible et regrettable de certains hommes (des laïques soutenus par des ecclésiastiques) et des institutions qu'ils représentaient, pour justifier ou consolider la puissance masculine à tout prix.

Fort heureusement, Claude Dulong pouvait clore ce débat navrant en se tournant vers d'autres "folles", dans son dernier chapitre intitulé "Les femmes de miséricorde". Et nous ferons de même, dans les chapitres qui suivent. En effet, si la peur du Diable et celle de la Femme ont meurtri la France du Grand Siècle, ce même siècle a aussi suscité d'innombrables vocations dans le domaine de l'amour de Dieu et de l'être humain; il a même donné naissance aux Précieuses. . . .

Chapitre I

Textes anciens et perspectives nouvelles.

Marie de Gournay

CE N'EST PAS SANS RAISON que Marie de Gournay fait de nouveau couler beaucoup d'encre chez les critiques et parmi les féministes d'aujourd'hui. On la connaissait surtout comme la fille d'alliance de Montaigne dont elle édita les *Essais* (1595 et 1635); on a appris à la reconnaître comme femme de lettres éprise de liberté. C'est avec un intérêt renouvelé qu'on s'est mis à relire son *Proumenoir de Monsieur de Montaigne* (1594), un des premiers romans d'analyse, et ses traités féministes, *Egalité des hommes et des femmes* (1622) et *Grief des dames* (1626).

Dans un article récent sur *Le Proumenoir*, Domna Stanton[1] analyse le caractère ambigu des liens qui unissent l'héroïne (Alinda) à son père naturel dans le roman, et la nature très particulière de ceux qui rattachent l'auteur du récit à son père adoptif spirituel. Le texte dédié et envoyé à Montaigne constitue-t-il, comme l'estime Jacques Derrida, un hommage au(x) père(s) et un parricide? La fiction dissimule-t-elle la rupture symbolique d'une fille en instance d'émancipation vis-à-vis de l'un, et un engagement de loyauté envers l'autre? Répression et émancipation d'une part; de l'autre, expression et appartenance nouvelle. La fiction et l'authenticité de l'écriture féminine permettent aux deux postulations de converger, de se croiser dans l'œuvre sans pourtant se réconcilier.

Le manuscrit dédicacé à Montaigne qui n'en aurait jamais accusé réception, ne fut retrouvé dans ses papiers qu'après la mort de celui-ci; comment expliquer le silence du destinataire? Publié en 1594, il fut réimprimé en 1595, en 1596 et en 1598, mais après avoir subi des modifications dont la plus importante, selon D. Stanton, est l'élimination du discours gynétique sur les vicissitudes de l'exil et de l'exode infligés à la condition féminine depuis les origines. Selon l'auteur, le texte était destiné à mettre les femmes en garde contre les écueils de ce qui s'appelle parfois aujourd'hui "la phallocratie". Il avait aussi pour but de sceller une amitié plus forte que les "affections naturelles". L'intérêt majeur de la narration réside dans l'analyse des rapports complexes qui lient une fille dévouée à un père divin, refuse de se laisser exploiter comme un vulgaire objet d'échange et décide de ne plus jouer les rôles que les hommes lui ont imposés. En dernière analyse, *Le Proumenoir* est à la fois un hommage symbolique au père et un parricide. Et c'est bien à Julia Kristeva qu'il fallait demander de préciser, à un autre niveau d'interprétation des symboles, que le récit est tout autant "la mise en scène. . . d'un avortement, d'un auto-accouchement toujours raté" (p. 22).

C'est grâce à des textes profondément émouvants comme l'enfant "chétif" ou le "bâtard" de Marie de Gournay que les femmes du XXe siècle peuvent enfin se vouer sans fausse honte à la pratique de l'écriture et de la poésie féminines.

Comme en écho à l'exégèse perspicace de Domna Stanton, Elyane Dezon-Jones[2] démonte avec précaution le triptyque du *Proumenoir,* de *L'Egalité des hommes et des femmes* et du *Grief des dames;* elle le reconstruit ensuite habilement en en soulignant les fondements et la charpente autobiographique. L'auteur du triptyque a eu recours à un double subterfuge de convention qui met en relief l'originalité de son talent: elle s'est regardée sans complaisance dans le miroir de son propre texte écrit et elle a entendu sa propre voix dans les paroles qu'elle confiait à ses personnages fictifs. Elle se voit et s'écoute dans l'enfant auquel elle est en train de donner naissance et qu'elle consulte à mesure qu'il prend vie autonome. La thématique du miroir et de l'écho se renouvellent ainsi dans des analyses psychologiques et des remarques toutes intimes qui ne se prétendent pas universelles.

E. Dezon-Jones met en valeur le procédé des reprises qui caractérise l'écriture de Marie de Gournay dont elle cite cet extrait de *L'Egalité:*

> Moi qui fuis toutes extrémités, je me contente de les (les femmes) égaler aux hommes: la nature s'opposant pour ce regard autant à la supériorité qu'à l'infériorité. Que dis-je, il ne suffit pas à quelques gens de leur préférer le sexe masculin, s'ils ne les confinaient encore, d'un arrêt irréfragable et nécessaire, à la quenouille, oui même à la quenouille seule. (p. 29)

Ces remarques amères et la silhouette de la femme reléguée au foyer et aux activités de l'emploi, se profilaient déjà dans la préface aux *Essais,* donc vingt-sept ans plus tôt, et seront reprises ailleurs:

> Bienheureux es-tu, Lecteur, si tu n'es pas d'un sexe, qu'on ait interdit de tous les biens, l'interdisant de la liberté, et encore interdit de toutes les vertus, lui soustrayant le pouvoir, en la modération et l'usage duquel elles se forment: afin de lui constituer pour vertu seule et béatitude, ignorer et souffrir. . . . C'est une femme qui parle. (p. 28)

On aura par ailleurs observé le recours au procédé de reprise dans la reprise, dans le vocabulaire et dans la progression syntaxique. Marie de Gournay y insiste, car elle en est convaincue: le mousquet et l'épée avaient décidé que la femme devait s'en tenir à la quenouille, se taire et ne jamais prendre la parole. Mais elle n'a pas manqué de prononcer la sienne, contre tous les interdits; et cette Parole était prophétique.

Honoré d'Urfé

On le sait depuis longtemps: *L'Astrée* fut très important parmi les sources vives de la préciosité. Dès 1607 de nombreux lecteurs acclamèrent les tomes successifs de cette somme romanesque qu'on lisait même à haute voix pour en faire bénéficier de plus larges assemblées mondaines. Le fait est que, pour nous comme pour ses contemporains, l'auteur se présentait d'emblée comme un auditeur attentif des femmes de son temps; sous le couvert de la fiction, elles jouent un rôle important dans le roman, et certains de leurs débats valent bien ceux de leurs partenaires masculins. D'Urfé n'hésite pas à leur céder la parole dans d'innombrables joutes oratoires de casuistique amoureuse. Certes, depuis la vogue des romans courtois, où le rôle positif de la femme était fortement stylisé, plusieurs femmes écrivains de talent avaient déjà mis en valeur de la sorte les opinions des femmes et même les revendications d'une élite féministe et égalitariste: Christine de Pisan, Marguerite de Navarre et Marie de Gournay, tout spécialement, avaient organisé des débats fictifs ou réels qui mettaient aux prises non seulement les hommes avec les femmes, mais ceux-là entre eux et celles-ci entre elles. Cette fois pourtant, c'est un ancien militaire qui monte avec soin ses spectacles dans le cadre d'un vaste roman pastoral et sentimental.

Brassant ses sources étrangères les plus diverses, il recrée l'atmosphère d'un paradis retrouvé ou à regagner, rouvre d'anciennes controverses philosophiques et campe des personnages féminins irréels mais déchirés par l'éternelle contradiction qui oppose la puissance de l'instinct sexuel et le désir ou la nécessité de sublimer cet instinct. Délibérément ou à son insu, d'Urfé rouvrait ainsi la Querelle des femmes du XVIe siècle, mais il en renouvelait les données. Par delà les sermons d'Adamas, les lamentations de Céladon, les joutes oratoires de Silvandre et d'Hylas et les plaidoyers spécieux de Bélisard, nous entendons clairement les remontrances d'Astrée à Céladon et les voix émues d'Amaranthe, de Célidée, de Diane et d'un grand nombre de filles ou de femmes auxquelles la raison a vraiment été donnée en partage et dont les arguments invitent le plus souvent à la réflexion. Dans cette pastorale où les bergères dialoguent avec les bergers et où les nymphes ont voix au chapitre des faunes et des centaures, les deux sexes s'interrogent et se répondent parfois sur pied d'égalité ou d'inégalité partagée. Les diverses conceptions de l'amour devant nécessairement s'affronter, "l'honnête amitié" est avidement recherchée par les femmes surtout, ce qui tendrait à prouver que l'homme est encore l'agresseur; mais l'agressée sait parfaitement se défendre et passer à la contre-attaque. Seul le dialogue incessant permet aux uns et aux autres de transcender le conflit qui ne laisse d'opposer l'instinct et l'idéal de sublimation. Pour les femmes, *L'Astrée* est le lieu et le temps de la vigilance. Certains critiques ont beau regretter que l'amour astréen se dise plus qu'il ne se fait; il est même indubitable que le Verbe devient vite verbiage et vertige; mais le recours au discours était non seulement nécessaire et utile, il était de rigueur. Le roman de d'Urfé est l'antipode du récit naturaliste et du genre "pris sur le vif", C'est précisément par le truchement du beau langage que les représentants des deux sexes se cherchent et s'évitent, s'observent pour être observés à leur tour, se déguisent pour se laisser mieux deviner, se cachent ou se révèlent, se donnent sans s'abandonner dans une casuistique vertigineuse et paradoxale.

L'auteur a-t-il donc vraiment triché? Pas tout à fait. Il n'a pas escamoté la chair, mais il l'a mise habilement au service de l'esprit en rappelant parfois à ses personnages qu'ils étaient de chair et même en chatouillant ici et là la chair de ses lecteurs et de ses lectrices. Cette somme de 5000 pages qui prône nettement la primauté du spirituel et de l'idéal n'est pas exempte de scènes érotiques; mais cet érotisme est discret, pour ainsi dire sublimé—par conséquent, troublant. Après cent pages où s'exaltaient les valeurs chevaleresques et les bases néoplatoniciennes ou mystiques de l'amour on s'étonne parfois un peu de trouver des fragments d'une autre veine, où sont habilement évoquées des préoccupations d'ordre sexuel. En voici un exemple.

Astrée s'est laissé caresser par celle qu'elle croit être Alexis, la fille du Grand Druide; or, cette Alexis n'est autre que Céladon qui a dû se déguiser en fille pour se rapprocher de sa bien-aimée et c'est lui qui analyse ses émotions au contact du corps d'Astrée:[3]

> Et toute fois, continua-t-elle, je vous jurerai par la grande Vesta, et par la Vierge, que les Carnutes disent devoir enfanter, que je suis tellement éloignée de toutes ces affections que plusieurs autres filles de mon âge pourraient ressentir que jamais je n'ai aimé homme quelconque pour ce sujet, et que toutes mes passions ont toujours été employées en l'amitié d'une fille que j'ai véritablement aimée, autant que je pouvais aimer alors, mais non pas à l'égal de ce que je vous aime maintenant. Et il faut que vous riiez de mon humeur: je prenais autant de plaisir à être caressée d'elle, que si j'eusse été un homme, et non pas une fille. (p.253)

Et l'équivoque durera juste le temps qu'il faut. . . jusqu'au prochain déguisement! La quête de cet amour spirituel, de cette "honnête amitié", ne va ni sans embûches ni sans certaines compromissions. Sans cesse rebuté par le jeu cruel de la femme qui se refuse, l'homme se venge de manière fort semblable. Revanche de l'instinct et des exigences de la chair sur l'esprit et les impératifs de l'ascèse? Dans ce domaine flou où tout se confond parfois, le travesti, les allusions voilées à l'homosexualité, la pensée et l'acte, le besoin et le fantasme, le vrai et le faux. . .tout devient indistinct. L'esprit sait ce qu'il voudrait; la chair sait ce qu'elle veut. Quant aux personnages, ils se cherchent et ils se murmurent les uns aux autres des problèmes, des complexes même, dont, hélas, les précieuses ne tiendront pas compte ou n'oseront parler qu'à mots couverts. Mais Céladon et Astrée n'ont pas encore dit leur dernier mot. . .

L'Astrée contient des scènes de voyeurisme et de—qu'on nous permette l'expression—viol platonique. Gérard Genette en a réuni un assez grand nombre dans la Troisième Partie de son édition (pp. 195-237) et dans la Quatrième (pp. 239-286). Elles ont toutes pour ressort le fait que Céladon, déguisé en fille, est parvenu à s'introduire dans la demeure de sa bien-aimée et dans l'intimité de sa chambre et de son lit. En l'occurrence, force nous est de reconnaître que c'est bel et bien lui, l'homme, qui est le voyeur et qu'il saisit au vol toutes les occasions de pratiquer son art. Dans la plupart de ces scènes, les corps se touchent, se dévoilent, se séparent pour se rejoindre à la prochaine occasion. L'auteur insiste surtout sur les "transports" de Céladon, mais il se garde bien de passer sous silence les "délices" d'Astrée quand elle se croit regardée, caressée ou embrassée par Alexis "la feinte druide"—"la feinte nymphe".

Tout compte fait, l'impression générale qui se dégage du roman est celle d'une lutte incessante et sournoise entre les représentants des deux sexes. La femme dicte ses conditions et attend de l'homme qu'il les observe scrupuleusement. Mais les scrupules sont des données extrêmement variables et capricieuses, surtout quand ils s'appuient sur la casuistique de la feinte et du travesti. Cette lutte se déroule dans une communauté privilégiée dont les membres ont beaucoup de loisirs et très peu ou pas de responsabilités; ils vivent en vase clos. L'Utopie est une sorte de tour d'ivoire érigée quelque part à mi-chemin entre un Eden perdu et un nouvel Eden encore indéfinissable mais souhaité ardemment. Les femmes discernent mieux que les hommes ce qu'elles désirent et ce qu'elles attendent d'eux. Les plus exigeantes, au fond des choses, voudraient pouvoir recréer l'homme à l'image de CELLE à laquelle elles s'efforcent de ressembler: la maîtresse, l'inspiratrice, la muse, la mère, la reine, la divinité. . . . Dans cette quête d'un Absolu spirituel, la femme ne sait que faire de sa chair et de ses organes; son corps la gêne et l'embarrasse. Elle va même jusqu'à se défigurer et à s'enlaidir afin d'être jugée "bonne" et non "belle" par celui qu'elle aime. Les plus masochistes d'entre ces femmes taisent même leur souffrance devant ceux qu'elles aiment profondément. Voulant cesser d'être manipulées par l'homme comme de bas objets d'échange ou de plaisir, elles se voient comme des objets de vénération. Vont-elles trop vite en besogne? S'y prennent-elles mal? Sont-elles victimes de l'Illusion, de leurs propres illusions? Toujours contraint de s'agenouiller au socle marmoréen, l'homme ne finira-t-il pas par cesser de lever les yeux vers la statue elle-même?

Dans une très heureuse formule, Jacques Ehrman résumait naguère la nature mystérieuse et les exigences de l'être féminin astréen: "Etre bergère n'est pas un état civil, c'est un état métaphysique." Quelques années plus tard, Gérard Genette ajoutait: "Ni riches ni pauvres, ni serfs ni seigneurs, ils (les personnages de *L'Astrée* pratiquent, si l'on peut dire, un degré zéro de l'existence sociale. . ." (op. cit. p. 11). Ces jugements complémentaires s'appliqueront peut-être bien aux précieuses, mais il restera à voir auxquelles d'entre elles ils conviennent vraiment et dans quelle mesure. Le débat du cœur et du corps ou de l'âme et du corps est un des plus anciens qui soient. Les joutes oratoires de Silvandre et Hylas ne sont, somme toute, que des variations sur un thème intemporel et universel. *Les Femmes savantes* brodera sur ce thème. Les plus sérieux penseurs du XVIIe siècle n'hésiteront pas à y consacrer leurs nuits de veille, quitte à badiner le lendemain à la manière de Gassendi quand il envoyait à Descartes des billets adressés à sa "chère âme". . . Mais, quand on est bergère ou précieuse, on badine le moins possible avec l'Amour.

Michel de Pure

C'est aux patients travaux du grand érudit Emile Magne que nous devons de posséder aujourd'hui une excellente édition de *La Pretieuse* de l'abbé de Pure (1656-1658).[4] Celui-ci n'était ni écrivain de réel talent, ni sociologue averti, ni théoricien des mœurs et des usages. Il était cultivé et sa curiosité d'esprit l'inclinait à s'intéresser à des aspects très divers de la vie de son temps. Dans son roman, nous serions tenté de dire qu'il était à la fois nouvelliste, journaliste et enquêteur. Vers le milieu du siècle, il prêta l'oreille aux rumeurs qui circulaient à Paris au sujet d'une nouvelle espèce de femmes énigmatiques; elles se répandaient dans la capitale, mais elles s'entouraient de secret et de mystère et évitaient toute publicité. Michel de Pure se résolut à apprendre à les connaître et se fit donc introduire dans les ruelles et les salons mondains qui lui semblaient accessibles. Il mena son enquête avec ténacité. On le voit mal prenant des notes et les rassemblant pour les rédiger, comme nos journalistes actuels; il participait aux conversations dont il se fait le rapporteur. On l'imagine plutôt brassant ses réminiscences pendant ses heures de loisir, les recréant et leur donnant une vie nouvelle dans le cadre d'un "roman" dont les données essentielles sont ancrées dans l'expérience vécue. Loin donc d'être simple rapporteur ou secrétaire de séance, il manipule ces données, il campe ses personnages et leur prête une personnalité, des traits de caractère, des gestes familiers, des tons de voix; bref, il anime ses personnages tout en participant aux débats sous des pseudonymes, celui de Gélasire dont il souligne la "folâtre humeur", celui de Gelaste, et sans doute aussi celui de Philonime qui, le premier, exprime son intention de rencontrer des précieuses au début de l'ouvrage. Non seulement l'auteur anime-t-il ses personnages, il prend aussi le soin de les mettre en scène dans un décor qui lui devient de plus en plus familier à mesure qu'il le fréquente.

Les critiques se perdent en conjectures quant aux intentions profondes de cet auteur. Aurait-il été un jeune coquet en guise d'aventures, comme le suggère Boileau dans sa *Deuxième Satire?*

> Si je veux d'un galant dépeindre la figure,
> Ma plume, pour rimer, trouve l'abbé de Pure:
>
> (vv. 17-18)

Aurait-il prostitué sa plume, comme le lui reproche cruellement l'auteur de la *Neuvième Satire?*

> Et ne savez-vous pas que, sur ce mont sacré,
> Qui ne vole au sommet tombe au plus bas degré,
> Et qu'à moins d'être au rang d'Horace ou de Voiture,
> On rampe dans la fange avec l'abbé de Pure.
>
> (vv. 27-28)

La hargne du Législateur s'explique sans doute en partie par le fait que l'abbé s'est effectivement essayé au genre satirique; mais il fut aussi biographe et traducteur. Pour nous, il est le fortuné romancier qui a donné la mesure de son talent créateur en se montrant capable de manier plusieurs points de vue, de se déguiser sous le couvert de trois pseudonymes, de varier ses perspectives et ses éclairages et, ainsi, de dissimuler ses intentions profondes. Le désaccord des critiques est légitime et justifiable; il fait même honneur au talent du créateur. En définitive, les exégètes aimeraient surtout savoir si l'auteur a vraiment voulu percer le mystère des ruelles et, n'y étant pas parvenu, a tenu à laisser un document relativement objectif, ou si, au contraire, il s'est moqué systématiquement des précieuses. Quant à nous, persuadé que le romancier n'a pas pu inventer de toutes pièces les dires, les revendications et les griefs des précieuses, nous le considérons principalement comme un enquêteur suffisamment objectif et de bonne foi; cela ne l'empêche nullement d'être tantôt l'observateur sceptique ou même ironique, tantôt l'auditeur ému et sympathisant de femmes torturées par de réelles souffrances.

Philonime, le limier qui se met en chasse dans la première conversation du roman, n'est dépourvu ni de bon sens, ni d'habileté ni d'humour. Poète déjà habitué à la fréquentation des femmes, c'est sans aucune peine qu'il obtient son premier "Calendrier de Ruelle, et la liste de celles qui y ont séance" (I, p. 28), par le truchement d'une amie, Agathonte. Il a tôt fait d'accompagner deux mentors de marque qui, eux, font déjà autorité dans certains cercles très exclusifs: Géname (anagramme de Ménage) et Parthénoïde (pseudonyme de Chapelain). Quand il ouvre son enquête, les dames de Paris jouaient déjà un rôle marquant dans certains salons de la ville et de la cour. Parmi les "espèces féminines" de la première moitié du siècle, on distinguait déjà les grandes hôtesses de réel talent comme Madame de Rambouillet et sa fille, et d'autres de conditions diverses et dont les intentions ultimes étaient assez disparates. Parmi ces espèces, les gens du premier demi-siècle mentionnaient déjà les mondaines, les coquettes, les prudes. . . D'autres étaient pour ainsi dire en gestation: les femmes savantes et les esprits forts, notamment. En attendant, Paris s'était orné d'une espèce nouvelle et encore très mystérieuses: les précieuses.

D'entrée de jeu, notre auteur manie savamment la métaphore, les mots du vocabulaire et les procédés de la syntaxe; appelé à préciser pour nous le sens du mot "précieuse", il procède par touches successives et juxtaposées, il suggère des définitions impressionnistes et vagues, il propose des explications qui sont en fait des devinettes dont le lecteur doit trouver la clé, s'il se peut. En voici quelques exemples glanés au hasard au début du roman. La précieuse est une "espèce rare" dont la vogue se répand. Elle ne se forme que "d'une vapeur spirituelle", mais elle et ses consœurs constituent "un corps"—et ce mot prend des significations diverses selon le contexte: groupe, caste étanche, corps d'armée dans la croisade d'émancipation (I, 62). Une page plus loin, la précieuse se mue en "perle" qui se forme dans la ruelle, ou encore en idée abstraite devant nécessairement se concrétiser pour s'exprimer: "un extrait de l'esprit, un précis de la raison". Dépaysé, le journaliste s'efforce de décrire un pays de merveilles, joue avec l'idée abstraite et avec les images concrètes que cette idée éveille: il y a de "vraies" perles, il y en a de "fausses" et il y en a même qui sont "baroques" (irrégulières). . . (I, 63). Il est dépaysé, mais il n'est pas désorienté; il gouverne son style. Et il n'est pas naïf: si c'est de mots qu'on le paie, il saura rendre la monnaie de sa pièce.

Qu'à cela ne tienne, un peu plus loin, il appert que la précieuse a son "rang" dans le cercle et que la ruelle est un "autel" qu'on ne peut profaner impunément. Dans cette alcôve énigmatique (lit et tabourets), c'est "la femme" qui règne: elle trône et fait même figure de divinité intouchable et qui se rend inaccessible. La lettre de Géname à Niassare souligne le fait que le corps des précieuses forme une secte secrète dont il est très malaisé de déchiffrer le code et de pénétrer les arcanes—une espèce de franc-maçonnerie féminine; cette lettre ajoute une autre soi-disant définition à celles qui précèdent: "Ce n'est point un simple ouvrage de Nature, ou de l'Art, c'est un effort de l'un et de l'autre; c'est un précis de l'esprit, et un extrait de l'intelligence humaine." (I, 66) Les merveilles ne s'expliquent pas; elles sont donc indéfinissables. Pourquoi donc s'obstiner à vouloir tenter l'impossible? Parce que, malgré tout, si insaisissables qu'elles soient, les précieuses parlent et agissent ou refusent d'agir: elles sont donc en situation et elles sont ainsi observables.

De quoi parlent les précieuses? Parmi les principaux sujets de leurs débats, GeName cite en particulier le comportement de la femme en société (bienséance, modestie), l'éthique ("méthode dans les désirs"), le domaine linguistique ("pureté du style", "extirpation des mauvais mots") et les modalités du savoir ("la guerre immortelle contre le Pédant et le Provincial") (I, 72-73). La précieuse se cherche un style littéraire et un style de vie appropriés. A partir de la morale, elle se fraie des chemins dans le domaine de l'esthétique. C'est pourquoi elle se tourne vers les hommes (écrivains, poètes) dans un territoire qui est le leur depuis des siècles et dont, en principe, ils ont exclu les femmes. La précieuse sait parfaitement qu'elle a encore besoin de l'aide du grammairien, du lexicologue, du styliste, du poète qui lui dédie ses madrigaux et ses sonnets. C'est par eux qu'elle s'initie aux merveilles du langage et qu'elle apprend ce qu'on s'est bien gardé de lui enseigner ou ce dont elle ne possède que des rudiments. Le but est valable et légitime; les moyens sont parfois médiocres et ridicules; mais les précieuses de Michel de Pure sont loin d'être des Cathos et des Magdelons. Eprises de savoir et de beau langage, il leur arrive même de sa faire les émules des hommes, de les reprendre avec finesse et discernement et de justifier leurs critiques avec autorité.

Dans le domaine de l'éthique elles ont appris à justifier leur position de refus ou leurs réticences quand elles choisissent de résister aux manœuvres agressives du mâle ou de s'y dérober. A l'encontre des femmes tyranniques du paradis illusoire de *L'Astrée,* les précieuses du roman de Michel de Pure apparaissent comme des êtres réels qui ont fait ou qui font des expériences douloureuses et sont bien décidés à en tenir compte.

L'alcôve est le lieu des confidences, mais celles-ci portent sur la réalité vécue dans la morne existence des pénibles obligations conjugales et des innombrables servitudes familiales. En dehors de la ruelle où elle se réfugie pendant quelques heures, de temps en temps, la précieuse vit "en société", qu'il s'agisse du grand monde, de la haute bourgeoisie ou de la petite bourgeoisie. Si elle n'est pas l'esclave d'un mari et de sa progéniture, il est fort probable qu'elle est encore sous la tutelle inique d'un père tyrannique ou de son remplaçant. Quand on le compare à la pastorale de d'Urfé, *La Pretieuse* surprend par le vérisme de certaines descriptions et par la violence de certains réquisitoires. Dans beaucoup de cas, on peut même affirmer qu'en dehors de la ruelle où elle se réfugie sous le couvert de l'anonymat, cette précieuse a un état civil, une fiche signalétique qui porte ses empreintes, et même parfois son dossier.

Ecoutons quelques-unes des confidences et des revendications sociales d'Eulalie, la tendre veuve au beau langage, quand elle ose se départir de sa suavité, dans l'intimité du cercle féministe dont elle est membre actif. Mûrie par l'expérience, elle éprouve à présent pour le mariage une "horreur inconcevable" et demande à ses amies s'il existe "une tyrannie au monde plus cruelle, plus sévère, plus insupportable que celle de ces fers qui durent jusqu'au tombeau" (I, 281). A ses yeux l'esclavage de l'hymen s'est mué "en peine, en supplice, en torture, en géhenne" (I, 282). Qui lui reprochera de recourir aux procédés de l'éloquence pour exprimer avec plus de conviction des réalités navrantes? Elle s'est vue forcée "d'aimer ce qu'elle hait, d'ériger des autels à une idole, de respecter un objet de mépris, d'avaler, malgré son dégoût, une éternelle amertume" (Ibid.). Elle a été obligée "de recevoir dans son sein glacé les ardeurs de son mari, d'essuyer les caresses d'un homme qui lui déplaît, qui est l'horreur de ses sens et de son corps" (Ibid.). On l'a remarqué: ici, c'est du corps et des entrailles que provient la nausée; elle n'est pas qu'une sensation vague, elle existe. Pouvait-on protester avec plus de conviction et d'éloquence contre "la loi du vainqueur" et le repos du guerrier qui en est la récompense? La féministe d'avant-garde n'aura plus qu'à substituer à ces images un peu désuètes des vocables plus crus et plus scientifiques.

Quatre siècles plus tôt, Eulalie s'opposait au joug de l'hymen qu'elle rangeait, au même titre que d'autres structures sociales périmées, parmi "tout ce reste bizarre de l'importune antiquité" (I, 285). Nous n'en sommes qu'au milieu du Grand Siècle, mais déjà la précieuse a pris position dans la fameuse Querelle qui passionna et épuisa les hommes au déclin de ce siècle! Elle est en faveur des Modernes; elle est moderniste.

Rien ne manque dans sa description des méfaits du mariage de raison, qu'il soit imposé par le père ou par la mère de la victime ou encore par le beau-père et la belle-mère. Eulalie ne laisse pas de dénoncer la tyrannie de la belle-famille avec autant de verve que celle de la famille immédiate. Elle s'insurge ensuite contre la perte rapide d'une "jeunesse féconde et trop abondante"—les grossesses successives et rapprochées—et les "suites fâcheuses" et les "indicibles douleurs" qui en résultaient. L'avortement eût entraîné des risques considérables que les "bonnes familles" ne voulaient pas courir et que les médecins du temps ne pouvaient, ne voulaient ou n'osaient pas prendre (I, 285; cf. Note 1 de l'éditeur). Selon nous, il n'est même pas exclu qu'Eulalie fasse allusion aux maladies vénériennes contractées le plus souvent par les pères en dehors des liens conjugaux, qui exerçaient des ravages et laissaient leurs épouses et leurs descendants sans recours.

Gélasire (nous n'oublions pas que Michel de Pure portait la soutane) a beau faire valoir les délices du sacrement du mariage et ceux de la procréation généreuse, Eulalie n'a que faire de ces bondieuseries et de ces ritournelles. Elle met fin au débat et conclut qu'il n'y a "tyran plus barbare et plus cruel que le mariage, et cette cruelle servitude d'une pauvre femme" (I, 287).

Dans les débats qui foisonnent dans *La Pretieuse,* une harangue mérite qu'on s'y arrête; c'est celle de Didascalie. Celle-ci est issue d'un couple qui n'était pas plus heureux que beaucoup d'autres, mais elle a perdu sa mère dès sa plus tendre enfance et c'est son père qui s'est chargé de faire son éducation. Belle, intelligente et vive d'esprit, après bien des déboires avec ses amants successifs et leurs nombreux rivaux, elle a conçu un jour le projet d'égaler les hommes; authentique Amazone du Grand Siècle, elle est devenue une féministe convaincue et elle rêve à un Empire où les femmes seraient libérées du joug masculin. Elle a bien réfléchi aux difficultés de l'entreprise, mais son parti est pris et elle est bientôt prête à prêcher et à mener sa croisade d'émancipation malgré l'opposition des hommes et les réticences des femmes timorées. A Gelaste qui s'intéresse à elle sans l'approuver, elle proclame: "quand je n'aurais pour moi que les forces de mon sexe, j'en ai assez pour déposséder le vôtre" (II, 270). De telles professions de foi fulgurantes laissent évidemment son interlocuteur interdit et "stérile". . .

Sur quoi se fonde celle détermination de "déposséder" l'autre sexe de ses pouvoirs tyranniques? Comme Eulalie, Didascalie tient simplement compte de ses expériences et en dégage les leçons qui s'imposent. Mettant à profit ses lumières naturelles, elle a aussi pris conscience du réel pouvoir "domestique" que la femme exerce sur le ménage, les enfants et les valets ou les servantes. Elle sait par ailleurs que la femme, si elle sait s'y prendre, tient "aisément tête à son mari"; elle sait même comment "le gouverne(r) à baguette" (II, 270). A l'instar des hommes qui lui ont appris ce langage guerrier, elle se déclare donc prête à "sonner la charge", car elle sait que "toutes les mécontentes. . . feront un furieux corps d'armée, et. . . emmèneront avec elles pour le moins chacune un favori bien monté, sans parler des rivaux que beaucoup d'autres mèneront en main". Quant aux "fidèles" et aux "niaises", il y en a vraiment trop peu pour mériter qu'on les recherche (Ibid.). On comprend la confusion de Gelaste qui est littéralement désarmé par de tels propos.

Le manifeste de Didascalie abonde en vitupérations de ce genre. La féministe militante qui prêche la rébellion de toutes les femmes de l'univers, c'est en fait Dalila qui se propose de réduire Samson à l'impuissance—d'aucunes diront peut-être de "le stériliser"—en lui coupant les cheveux avec l'aide d'un soupirant plus jeune et mieux fait (II, 271). Cette allusion à l'image biblique figure d'ailleurs parmi les plaisanteries que ni Gelaste ni Gelasire ne semblent apprécier et qui suscitent des objections de leur part.

Didascalie, comme elle prend le soin de bien nous le dire elle-même, part en guerre contre "le premier sexe" pour établir l'empire du sien; elle rassure même les hommes sur les procédés qu'elle emploiera de manière à ce que les hommes eux-mêmes y trouvent leur compte et leur plaisir (II, 273). Didascalie préfigure-t-elle l'intellectuelle activiste du second sexe qui a refusé, une fois pour toutes, de végéter dans l'état d'immanence où elle a été reléguée par les hommes, et qui s'est mise résolument à la recherche de sa transcendance? Le fait est qu'à l'opposé des bergères de *L'Astrée* qui se nourrissaient d'illusions en marge de la société, cette féministe a raisonné et formulé son projet social de réforme. Elle incarne déjà ce projet. C'est même au risque de sa vie qu'elle entraînera ses compagnes d'infortune et qu'elle "confondra la tyrannie des maris" (II, 272).

Une importante lacune se révèle pourtant dans ce projet audacieux et radical: il vise à la libération massive des femmes mais il n'a rien fait pour les éduquer et pour les préparer à le mener à chef. Comment donc les femmes libérées mettront-elles à profit cette émancipation soudaine et inattendue? A cet égard, Didascalie n'oublie-t-elle qu'elle est une femme d'élite, une fille de l'élite sociale de son temps, et que c'est précisément son père qui l'a éduquée. Ce père était admirable, sa fille nous l'a bien fait savoir et répété. Mais que penser de la majorité des femmes de cette même époque? La précieuse nous rétorquera sans doute avec fougue qu'elle a établi ses priorités—la table rase et l'immédiat—et que le reste suivra, en son temps; et elle n'aura ni tout à fait tort, ni tout à fait raison. Cependant, notre propos nous ramène à la guerre du deuxième sexe contre le premier et ne nous autorise en aucune manière à évoquer ici l'image angoissante du troisième monde. . .

Didascalie. Curieux et attachant cheminement d'une jeune fille rangée qui prend conscience de ses responsabilités envers ses compagnes inconnues mais chéries, qui renonce à ses privilèges et à ses aises, et qui finit par brandir l'étendard de la révolution au siècle du Roi Soleil!

Un coup d'œil rétrospectif sur les ruelles où deux précieuses exceptionnellement douées—Eulalie et Didascalie—donnent le ton à leurs consœurs moins fortunées, nous autorise à insister sur les facteurs suivants.

Quand elles parlent de langue et de littérature, elles apprennent les règles du métier; certaines ne sont même plus des apprenties, elles ont déjà obtenu la maîtrise. Quand elles jugent des œuvres, les meilleures d'entre elles s'expriment avec une compétence et une autorité qui étonnent. Elles savent mettre le rimailleur sur la sellette et se passer des objections des doctes et des pédants. Elles ne sont pas unanimes dans les jugements qu'elles prononcent; elles se brouillent et se querellent entre elles, mais elles font preuve d'un suprenant esprit de corps.

Elles se sentent franchement plus à l'aise si le débat porte sur les émotions, les sentiments, la morale, la psychologie et le comportement social. Dans ces domaines, elles s'expriment avec plus d'assurance, elles se sentent plus compétentes et elles sont le plus souvent unanimes. Est-il abusif de voir en elles des filles dont l'horizon d'attente n'est pas illimité, des femmes blessées, déçues, froissées par l'attitude inconsidérée de beaucoup d'hommes? Si certaines nous paraissent désincarnées, c'est le plus souvent à leur corps défendant et pour éviter de se laisser prendre une nouvelle fois aux pièges que leur tendent les plus fiables des hommes. A tout prendre, mieux vaut passer pour un pur esprit que pour un corps vil!

Dans tous les domaines, même ceux où elles hésitent, elles parlent beaucoup, trop même; le recours au langage n'est-il pas leur meilleur dérivatif? Il est en tout cas le plus sûr moyen de communiquer leurs besoins, leurs aspirations, leurs déceptions; il est la démarche platonique, par excellence.

Dans les débats de *La Pretieuse,* il est rarement question de la sexualité. On s'y réfère, on y fait allusion mais on n'en parle pas ouvertement comme aujourd'hui dans beaucoup de milieux. Et cela n'étonnera personne. Mais, compte tenu des bienséances, des réserves, du souci de pudeur et des tabous de l'époque, on peut cependant se demander si cet interdit des précieuses ne provient pas d'un refus de leur part d'assumer leur sexualité en dehors des voies traditionnelles et permises par les lois, les dogmes, les usages et les coutumes qui exaspèrent Eulalie et Didascalie. Rien ne se fait dans la nation et dans ses institutions pour encourager ou même diriger les aspirations des meneuses et de celles qui les suivent. A cet égard—et ce n'est surtout pas un reproche que nous leur adressons—les précieuses sont venues trop tôt. Le domaine patriarcal n'était pas prêt à les recevoir comme elles méritaient de l'être. La sexualité du mâle réglait, déterminait et définissait celle des femmes, automatiquement. Les hommes avaient beau jeu; ils accusaient les précieuses d'être des prudes, des hypocrites, des coquettes ou même des perverses.[5] Elles aspiraient à briser l'idole, mais celle-ci avait encore les reins solides. Pygmalion avait sculpté sa Galatée à son image, et elle n'avait pas encore eu le temps d'implorer Vénus de la secourir et de l'animer. Avant d'être capable d'assumer sa sexualité propre, la femme devait encore apprendre à la sonder et à la connaitre dans des domaines importants que les spécialistes n'ont commencé à explorer qu'à la fin du XIXe siècle. En attendant, Eve n'était-elle pas prédestinée à se conformer à la sexualité d'Adam?

Nous disions plus haut qu'il était rarement question de la sexualité dans les débats de *La Pretieuse.* Elle y affleure pourtant à certains endroits. Il y est beaucoup question des amours "illicites", mais cet adjectif y est synonyme, la plupart du temps, d' "extra-conjugaux" et désigne la conduite de l'époux ou celle de l'épouse dans certains cas assez rares; cet adjectif s'applique aussi à certaines liaisons jugées trop libres entre certains amants. Le roman contient un petit nombre d'allusions aux formes latentes du lesbianisme dans l'intimité de certains cercles féminins, mais elles sont trop vagues pour être consignées ici; *L'Astrée* en contenait bien davantage. Nous n'avons relevé aucun passage significatif susceptible d'être interprété comme contenant des allusions au "libertinage solitaire"; cette accusation ne sera versée au dossier de la préciosité que par ses détracteurs et surtout—ô paradoxe!—par les adeptes du libertinage érudit ou ignare. . . Par contre, le mythe de l'androgyne et celui de l'amazone sont souvent mentionnés, qu'ils soient mis en valeur ou simplement effleurés dans certains débats. Nous reviendrons sur ces mythes quand il sera question des Utopies qui virent le jour au XVIIe siècle. Si elles ne sont pas hypocrites, les précieuses de l'abbé de Pure seraient-elles de véritables Jansénistes de l'amour?

En dernière analyse, le lecteur contemporain de *La Pretieuse* devait véritablement se sentir en présence d'une espèce nouvelle, mystérieuse et fort énigmatique de femmes d'âges, de conditions et de tempéraments très divers, qui éprouvaient le besoin impérieux de se serrer les coudes et de partager leurs expériences respectives dans beaucoup de domaines. Les vicissitudes de la condition féminine les rapprochaient. Avaient-elles un programme? Certaines hôtesses n'avaient même pas d'ordre du jour de séance. Avaient-elles des projets? Les plus convaincues d'entre elles avaient déjà formulé leurs aspirations, leurs buts ultimes et certains moyens plus ou moins radicaux de mise en œuvre; plus timides, les autres se contentaient de suivre les meneuses, mais, en fait, elles s'initiaient aux pratiques du cercle et à l'art de la controverse. Elles se divertissaient, elles s'éduquaient et elles se préparaient tout autant à prendre la relève et à la confier à leur tour à des nièces plus averties et mieux préparées. Elles avaient imperceptiblement modifié et adapté l'adage des Humanistes pour lui faire dire: Rien de ce qui intéresse la condition féminine ne nous est étranger. Elles avaient donc fait le premier pas dans la voie étroite de l'émancipation graduelle. Elle avaient commencé à modifier la perspective, à lui conférer une dimension féminine et à la représenter dans une projection féministe. Elles avaient mis les hommes à l'écoute des femmes.

Impatientes et déçues, mais démystifiées, ces femmes étaient très vulnérables. Inexpérimentées, elles succombaient vite aux attraits de l'imaginaire et du rêve; c'était peut-être pour mieux résister aux appels de la chair. Elles étaient contrariantes et contradictoires; ne faisaient-elles pas exactement le contraire de ce que les hommes attendaient d'elles? Elles traitaient des sujets frivoles avec beaucoup de sérieux et des sujets sérieux comme en badinant; qui leur avait appris l'art savant du *distinguo?* Elles défrichaient des terres incultes et elles découvraient des contrées inconnues. Le sentiment de malaise qu'elles communiquent au lecteur du roman comme à son auteur, provient dans une large mesure, du fait qu'elles sont comme en exil entre la captivité et une libération dont elles discernent encore mal les modalités et les résultats. Quand elles quittaient la ruelle pour rentrer chez elles, nous gagerions qu'elles éprouvaient elles-mêmes ce sentiment d'inconfort que l'on ressent quand on quitte un endroit où l'on était vraiment "chez soi", pour se retrouver dans un domicile où plus rien n'est familier. . . Le confort et le réconfort de l'alcôve préparaient peut-être mal les précieuses aux exigences du réel: indifférence de beaucoup de femmes, hostilité de la plupart des hommes, vide social environnant, responsabilités filiales, conjugales et familiales; mais les apports bienfaisants de la ruelle devaient bien les consoler des souffrances et des humiliations infligées par le monde comme il va. Michel de Pure, aussi énigmatique dans son ironie que ses précieuses dans leurs propos et leur comportement, a bien souligné l'étendue du fossé qui sépare l'imaginaire et le réel, quand il écrivait:

> La plus grande des douceurs de notre France est celle de la liberté des femmes; et elle est si grande dans tout le royaume, que les maris y sont presque sans pouvoir, et que les femmes y sont les souveraines. . .
> (I, 114)

Saura-t-on jamais ce que le dialecticien du pour et du contre a vraiment voulu dire par cela?

Madeleine de Scudéry

Il y a quelques années, Nicole Aronson[6] rajeunissait le visage de la romancière au profit d'un public essentiellement anglophone encore épris de figures et d'images du passé. Le fait vaut d'être mentionné: une romancière pour ainsi dire inconnue Outre-Atlantique et presque oubliée en France, s'est animée de nouveau sous la plume d'une érudite qui n'hésitait pas à mettre en relief les aspects féministes de romans désuets.

On connaît de longue date l'influence marquante qu'exercèrent ses romans sur la préciosité naissante, en particulier *Artamène ou le grand Cyrus* (10 vol. 1648-1653) et *Clélie* (1654-1661) qui contenait la célèbre "Carte de Tendre". L'histoire ancienne, souvent déformée et adaptée, y est surtout un procédé et un prétexte destinés à stimuler l'intérêt et l'imagination des lectrices et des lecteurs. Mais, comme chez Plutarque, l'intention didactique de la femme écrivain est manifeste; ce sont des œuvres morales qu'elle écrit pour l'édification de ses lecteurs avides de romanesque à la mode. Elle passionne ces derniers, mais c'est souvent pour les mettre en garde contre les conséquences fâcheuses des passions. Elle idéalise ceux de ses personnages qui sont susceptibles d'être imités, mais d'autres font figure de modèles à ne pas suivre dans la réalité. Si elle bouscule les données de l'Histoire, c'est sans doute pour montrer qu'elles sont applicables à la société de l'Ancien Régime; elle récrit l'Histoire dans l'optique de l'actualité.

Artélise a quatre soupirants; elle épousera celui qui se laisse faussement accuser de meurtre, plutôt que de révéler le secret de ses visites nocturnes dans le jardin de sa belle; la galanterie est de rigueur, mais elle impose certains sacrifices, même aux hommes. Césonie estime qu'il vaut mieux être aimée qu'aimer, refuse le prétendant qu'elle préfère et épouse l'amant passionné qui s'empressera de l'abandonner à son triste sort. Situations embrouillées et complexes, multiples péripéties imprévisibles, erreurs de psychologie dans les calculs des personnages féminins et masculins, sacrifices opportuns ou désintéressés, rencontres, séparations, divorces. . . tout ce romanesque d'époque est calqué sur l'Histoire mais amène aussi à décoder, en compagnie de l'auteur, les complexités du réel et les vicissitudes de la condition féminine dans les couches supérieures et intermédiaires de la société du Grand Siècle. Une liaison n'a-t-elle pas produit d'enfant? Tant mieux; la séparation des corps sera moins pénible pour la femme surtout. L'échange des partenaires n'est même pas exclu par certains codes de la galanterie du temps. Une héroïne jalouse sait souvent recouvrer sa maîtrise de soi; elle se résigne à accepter, bon gré mal gré, les sauvegardes de la "tendre amitié". Comme nos prédécesseurs du XVIIIe et du XIXe siècles, nous pénétrons difficilement les méandres du cœur féminin, mais nous y discernons encore cette méfiance à l'égard des hommes les plus fiables en apparence, et surtout cette peur latente et omniprésente du lien conjugal irrévocable, la rupture légale n'étant pas autorisée par la Loi. Pour la femme, le mariage apparaît donc comme un engagement entier—corps et âme—, et les réticences qui précèdent la consécration de ce lien indissoluble semblent hautement justifiées, même dans le cadre fictif où elles sont exprimées. La femme souhaiterait que cet engagement soit libre, entier et vraiment réciproque; mais la réalité dément la fiction et l'idéal. En pratique, il y a deux codes de galanterie, l'un fait par l'homme et pour l'homme, l'autre fait par l'homme et destiné à l'usage de la femme. L'homme exige de la femme qu'elle lui soit fidèle en toutes circonstances; dans son code à lui, l'homme, plus désinvolte ou nettement infidèle, s'autorise à "prendre ses libertés", et il n'y manque pas à l'occasion de ses multiples absences, de ses missions officielles ou autres, ou encore de ses campagnes militaires au long cours.

D'autre part, la romancière n'est pas la dernière à admettre qu'il y a des femmes volages, infidèles, mal intentionnées, méchantes et même criminelles. L'ambitieuse Tullie est une intrigante machiavélique qui n'hésite pas à empoisonner son mari. Mais les monstres de cette espèce sont assez rares et ne font en rien oublier la majorité des épouses qui, sans être des parangons de vertu, sont des exemples de vigilance, de lucidité et de dévouement.

Que Sapho l'ait voulu ou non, un certain nombre de ses héroïnes ne laissent pas de communiquer au lecteur une impression de distance, de sécheresse et même de froideur. Ces réticences du cœur, de l'esprit et du corps seraient-elles la rançon de la vigilance et de la méfiance érigées en système de conduite? Seraient-elles au contraire ou simultanément attribuables aux tempéraments de ces femmes, en relation avec leur complexion biologique? Dans le portrait qu'elle nous a laissé d'elle-même dans *Artamène ou le grand Cyrus,* Sapho nous dit qu'elle est généreuse mais incapable d'envie, qu'elle inspire l'amour et l'admiration autour d'elle mais qu'elle est moins encline à ressentir elle-même ces émotions dans son for intérieur, et qu'elle prend plus de plaisir à louer les autres qu'à être louée. Elle s'étend surtout sur l'amitié qu'elle provoque et sur la confiance qu'elle accorde parfois aux autres comme une sorte de privilège. Elle se révèle peut-être telle qu'elle est vraiment, dans *Clélie,* quand elle affirme que sa fameuse *Carte de Tendre* n'était, tout compte fait, qu'un jeu d'esprit anodin qui lança une véritable mode. Là, elle va jusqu'à laisser entendre "qu'elle n'a point eu d'amour et qu'elle n'en peut avoir". Mlle de Longueville et Pellisson connaissaient bien Madeleine; nous ne saurons jamais avec certitude à quelles pulsions intimes elle a pu céder ou obéir de bon gré. Nous ne saurons surtout pas si le pseudonyme qu'elle a adopté pour accroître le mystère, est aussi révélateur qu'on le prétend aujourd'hui dans certains milieux soi-disant scientifiques.

L'œuvre romanesque et poétique a survécu à la femme écrivain qui s'entourait de mystère. Cette œuvre prolifique comprend les *Conversations sur divers sujets* (1680). Destinés à l'édification des élèves de Saint-Cyr, beaucoup de ces entretiens portent sur le problème du mariage; on n'hésitait surtout pas à attirer l'attention des filles sur les risques de l'hymen, sur les désastres qui en découlaient souvent, et sur les désavantages qui résultaient de l'interdiction du divorce entre conjoints incompatibles. L'image de la femme qui se dégage des *Conversations* est à la fois plus didactique et plus féministe que celle qui ressort de la production romanesque.

Comme Nicole Aronson le rappelle, les romans insistaient déjà sur la nécessité, pour la fille, de s'instruire en compagnie mixte et de communiquer librement avec autrui dans un cadre cultivé et attrayant. Dans les œuvres de fiction, les matières et les sujets de conversation préférés étaient assez traditionnels: poésie, langage, usages, morale, psychologie, philosophie. Les *Conversations* récupèrent des sujets scientifiques mis à l'ordre du jour par des découvertes récentes: les atomes, les astres, les principes de la création de l'univers. De plus, on ne se contente plus d'apprendre ou d'entretenir l'art de la conversation enjouée sans feindre l'ignorance et sans pédanterie, on creuse la signification et les nuances des mots qui sont devenus monnaie courante dans la société des honnêtes gens: bienséance, politesse, civilité, goût, air galant, bonnes manières, etc. La morale de Madeleine de Scudéry est certes conforme à celle qui a cours depuis la Renaissance dans les milieux cultivés, raffinés et mondains de la haute société française; elle paraît cependant plus solide, plus pratique et surtout plus raisonnable que celle des cercles où "l'art de plaire" était jugé plus important que celui de "s'instruire". Les réflexions sur le mariage, en particulier, dénotent un réel souci de bien préparer les candidates à l'union conjugale aussi bien qu'aux déboires qui risquent d'en résulter. L'auteur réprouve franchement l'hyménée quand il ravale l'épouse au rang d'ilote ou de domestique ignare. C'est le sort que l'avenir réserve à certaines candidates peu lucides et trop imaginatives; pourquoi ne pas profiter de la leçon et renoncer au mariage, à temps, c'est-à-dire une fois pour toutes? Quant à la fille qui a consenti au mariage ou l'a accueilli de plein gré, qu'elle reste fidèle à ses engagements d'épouse, de mère et d'éducatrice plus avertie. Puisse-t-elle trouver secours dans l'exercice de ses facultés (raison et volonté) et dans l'accomplissement de ses devoirs!

En définitive, Madeleine de Scudéry a souvent rappelé que l'homme et la femme sont égaux en principe et devraient l'être en pratique. Dans l'intervalle, elle a cru bon de mettre en garde les filles les plus vulnérables et de déniaiser les plus naïves. Les désordres qui proviennent de l'amour-passion sont tels qu'il vaut mieux, dans beaucoup de cas, inviter, les filles à rechercher l'amitié, l'estime et le respect des hommes.

Après la parution de son livre aux Etats-Unis, Nicole Aronson faisait naguère observer dans une étude plus récente[7]: "il est curieux qu'après les innombrables mariages heureux avec lesquels Mlle de Scudéry a clôturé ses romans, elle achève ses deux derniers textes romanesques par un dénouement malheureux".

Que cette évolution soit ou non le reflet d'un pessimisme plus répandu dans le siècle finissant, la vision scudérienne de la femme est bien celle d'une "personne limitée par les lois, les bienséances et les conventions, mais c'est aussi une personne qui, en organisant sa vie, peut trouver joie et sérénité à l'intérieur des frontières dans lesquelles la société l'a enfermée" (Ibid.).

Poétesses

Les anthologies poétiques sont toujours partiales, par définition presque. Certaines sont carrément injustes, celles du XVIIe siècle en particulier. Quand on veut bien ou qu'on doit les consulter—à quelques exceptions près—on en arrive à se demander où le lyrisme féminin de l'époque a bien pu se réfugier puisque, dans ces anthologies, il fait figure de parent pauvre et est réduit à la portion congrue. Certes, le Grand Siècle n'est pas à proprement parler celui du lyrisme—bien que, à ce sujet, la perspective du Baroque ait fortement contribué au réexamen de certaines idées reçues—mais les femmes poètes n'ont pas cessé d'exprimer leurs émotions, de crier leurs souffrances et de proclamer leur droit au bonheur, à parts égales. Le choix d'Odette de Mourgues[8] est d'autant plus regrettable qu'elle n'ouvre ses pages à aucune représentante de la poésie féminine.

Où donc trouverons-nous ces poétesses et les témoignages lyriques qu'elles nous ont laissés? Qui sont ces parentes pauvres?

La Comtesse de Suze, qui fut si bien accueillie dans certains salons mondains, quand elle se tenait à l'écart pour se livrer à ses examens de conscience, avait un faible pour l'élégie qui lui permettait d'exprimer ses pulsions intimes, ses conflits intérieurs et ses malheurs conjugaux:

> Fière et faible raison, qui par de vains combats
> Choque les passions, et ne les détruis pas.
> Ne me tourmente plus, tes forces sont bornées,
> Et l'on ne change point l'ordre des destinées;[9]

L'épigramme de cette élégie en dit long sur ce que pense au fond la Comtesse des soi-disant querelles et des mesquineries qui opposent les habitués de certains salons:

> L'un se pique pour Job, l'autre pour Uranie,
> Et la cour se partage en cette occasion;
> Plût à Dieu, toute chose étant bien réunie,
> Que la France n'eût pas d'autre division!
>
> (Ibid., II, 140)

Toutes proportions gardées, c'est la Nation qui souffre, par-dessus tout. Et c'est le cri du cœur qui impose le silence aux saillies de l'esprit.

Tout aussi divisée dans son for intérieur et plus tumultueuse, Madame de Villedieu, dans ses églogues, nous dit la colère que lui inspirent les désordres de l'amour, la perfidie des amants, son inclination à pardonner trop vite aux hommes qui l'ont offensée, et son impérieux besoin de durée par la création littéraire. "La tourterelle et le ramier" est un chef-d'œuvre du genre dans lequel seul peut-être Jean de La Fontaine devait la surpasser:

> Qu'on ne me parle plus d'amour, ni de plaisirs,
> Disait un jour la tourterelle;
> Consacrez-vous, mon âme, à d'éternels soupirs.
> J'ai perdu mon amant fidèle.
>
> (Ibid., II, 297)

Et, comme dans "la jeune veuve" du fabuliste, la colombe de se consoler et de s'en laisser conter par un jeune ramier sous les traits duquel elle croit retrouver celui qu'elle vient de perdre. Ici, nulle amertume! Les femmes sont ainsi faites; les hommes sont ainsi faits. La vie n'est pas toujours si tragique qu'on le croit, pour celles qui sont encore jeunes, souples et accommodantes. Nulle aigreur, nul idéalisme non plus. . .

Moins souple ou peut être plus exigeante que la colombe dans ses aspirations et dans ses principes, Anne de La Vigne refuse de s'en laisser conter une fois encore. Fille de médecin et très instruite, elle s'est adonnée à l'étude des sciences et à la poésie. C'est dans des termes désabusés et ironiques que cette savante et spirituelle amie de Madeleine de Scudéry dépeint les hommes qui lui font la cour:

> Mais fiez-vous à leurs fleurettes:
> Autant en emporte le vent.   (Ibid., II, 316)

Les assiduités, les mines engageantes, la fleurette—le flirt—autant de simagrées dont pâtit la niaise, mais dont la femme avertie se garde prudemment; sinon, c'est elle et elle seule qui sera la victime en vertu des lois de sa biologie. Puisse la femme ne jamais oublier que l'homme est volage par nature et cherche la satisfaction immédiate du désir immédiat; c'est à sa partenaire qu'il incombe de trouver la permanence ou de poursuivre la transcendance:

> Qui se sent prude et précieuse
> Peut toujours être en sûreté,
> Et, fût-elle peste et rieuse,
> Les rieurs sont de son côté.
>   (Ibid., II, 317)

Pouvait-on mieux plaider la cause des ruelles?

Maurice Allem fait très bon accueil à Madame Deshoulières dont il orthographie ainsi le nom de poétesse, se réservant le droit de modifier cette orthographe quand il présente à ses lecteurs l'épouse du seigneur des Houlières. Profondément mélancolique, elle chante la tristesse de l'épouse et de la mère négligées par un mari que les hasards de la vie ont défavorisé: il est emprisonné au château de Vilvorde (Pays Bas) et sa femme l'a rejoint dans sa longue captivité. A côté de poèmes sans intérêt réel, son idylle des "Moutons" est restée célèbre, de même que ses "Stances", ses "Psaumes", certaines de ses "Ballades" et ses "Vers allégoriques à ses enfants". Son lyrisme est vibrant; il évoque habilement les multiples déchirements de l'être et les souffrances d'une femme écorchée. Cette poésie ne va pas sans rappeler les accents d'une veine antérieure bien connue qu'on n'oserait qualifier de surannée:

> Taisez-vous, tendres mouvements,
> Laissez-moi pour quelques moments;
> Tout mon cœur ne saurait suffire
> Aux transports que l'amour m'inspire
> Pour le plus parfait des amants.
>
> A quoi servent ces sentiments?
> Dans mes plus doux emportements
> La raison vient toujours me dire:
>   Taisez-vous.

> La cruelle, depuis deux ans. . .
> Mais, hélas! quels redoublements
> Sens-je à mon amoureux martyre?
> Mon berger paraît, il soupire;
> Le voici, vains raisonnements,
>   Taisez-vous.
>   ("Rondeau", Ibid., II, 344)

Pétrarque et ses imitateurs vouaient la femme au silence; eux seuls avaient le droit de parler et la Déesse devait se contenter de les écouter, sur son piédestal. Ici, la femme voudrait pouvoir garder le silence, mais elle ne le peut. Les clichés de la veine pastorale et galante ont été tamisés, épurés et revalorisés. Aux feux d'artifices des rondeaux de pacotille a succédé une attachante simplicité.

Ailleurs, c'est le thème traditionnel de l'impuissance de la reine des facultés qui est réutilisé avec ses variations dans une idylle où la poétesse envie l'innocence des bienheureux moutons et l'oppose à la fragilité débilitante de la raison humaine:

> L'ambition, l'honneur, l'intérêt, l'imposture,
>   Qui font tant de maux parmi nous,
>   Ne se rencontrent point chez vous.
> Cependant nous avons la raison pour partage
>   Et vous en ignorez l'usage.
> Innocents animaux, n'en soyez point jaloux,
>   Ce n'est pas un grand avantage.
> Cette fière raison dont on fait tant de bruit,
> Contre les passions n'est pas un sûr remède:
> Un peu de vin la trouble, un enfant la séduit;
> Et déchirer un cœur qui l'appelle à son aide
>   Est tout l'effet qu'elle produit;
>   Toujours impuissante et sévère,
> Elle s'oppose à tout et ne surmonte rien.
> . . . .
> Paissez, moutons, paissez sans règle et sans science;
>   Malgré la trompeuse espérance,
> Vous êtes plus heureux et plus sages que nous.
>   (Ibid., II, 345)

Cette pièce est maladroite, on en convient; les poncifs y abondent et l'apprentie est encore loin de compte. La Pauline de Corneille s'exprimait avec beaucoup plus d'éloquence et de solennité; les érudits libertins, comme Théophile de Viau dans ses *Odes,* avaient fait les même constatations dans des vers plus percutants et plus osés encore; mais le lyrisme langoureux fut fort apprécié à l'époque, surtout par ceux et celles qui devinaient ou décelaient l'analogie moutons/enfants des "Vers allégoriques à ses enfants":

> Dans ces prés fleuris
> Qu'arrose la Seine,
> Cherchez qui vous mène,
> Mes chères brebis. . . .
>   (Ibid., II, 348)

Dans des poèmes d'un tout autre genre, c'est la verve satirique de Madame Deshoulières qui se libère et s'exerce au détriment de certains maris refroidis:

> Tous jeunes cœurs se trouvent ainsi faits.
> Telle denrée aux folles se débite,
> Cœurs de barbons sont un peu moins coquets;
> Quand il fut vieux le diable fut ermite,
> Mais rien chez eux à tendresse n'invite;
> Par maints hivers désirs sont refroidis
> Par maux fréquents humeur devient bourrue.
> Quand une fois on a tête chenue,
> On n'aime plus comme on aimait jadis.
>   ("Ballade", Ibid., II, 347)

Et ces vers lapidaires, ciselés comme des adages, s'achèvent, comme à regret, dans la nostalgie de l'Envoi:

> Fils de Vénus, songe à tes intérêts;
> Je vois changer l'encens en camouflets:
> Tout est perdu si ce train continue,
> Ramène-nous le siècle d'Amadis.
> Il t'est honteux qu'en cour d'attraits pourvue,
> Où politesse au comble est parvenue,
> On n'aime plus comme on aimait jadis (1671)
>   (Ibid., II, 348)

L'homme serait-il le premier à se refroidir? On peut le croire. Serait-il le seul à se glacer? On pourrait l'admettre si on oublie que Madame Deshoulières et la plupart de ses consœurs ont toujours placé la "tendresse" et la "tendre amitié" bien au-dessus des feux follets de la "passion".

Il serait malvenu de surfaire les qualités de ce lyrisme féminin. Il a pourtant produit des perles modestes; celles-ci ont été éclipsées dans la surabondance des bijoux, vrais ou faux, d'une production poétique masculine tout aussi inégale.

Parmi ses nombreuses consœurs, Madame de Guyon, elle, par bonheur, n'a jamais été vraiment oubliée et ignorée par les hommes. En effet, c'est dans les sphères de la plus haute spiritualité et de la mystique que la poétesse invite son lecteur à l'accompagner. Dans cette poésie singulière où les critères du Baroque proposés par Jean Rousset se vérifient admirablement, des constellations de symboles nous deviennent familières et prennent une valeur initiatique. Certaines pièces sont d'authentiques exercices spirituels ou de purs cantiques. Cependant, si haut qu'elle puisse s'élever, l'âme est encore et toujours aux prises avec le corps et les lois de la pesanteur; les contradictions humaines subsistent, et elles se manifestent dans le processus constant de l'alternance: le discours ramène au silence, la lumière aux ténèbres, le vrai à l'illusoire, et vice-versa. Prêtons l'oreille aux confidences que la poétesse nous murmure quand elle se résigne à avoir recours aux pauvres mots du langage humain:[10]

> Ce qu'on veut expliquer se dérobe à nos yeux
> Sitôt qu'on prétend de le faire;
> Et pour moi, j'aime beaucoup mieux,
> Au lieu de m'énoncer, me taire.
>
> (Op. cit., II, 231)

Plus loin, c'est une âme anéantie dans la contemplation du Divin qui exhale le fragile bonheur d'une quasi-certitude:

> Je ne connais plus rien dans un vaste néant;
> Ne m'abîme, et me perds sans cesse;
> Je ne vois le beau ni le grand;
> Mais je crois que c'est la Sagesse.
>
> (II, 232)

Enfin, c'est sur une certitude inébranlable que culmine le dernier poème choisi par Jean Rousset:

> Dieu, solitaire en soi, donne à ses vrais amants
> Cette solitude profonde,
> Qui les met au-dessus des temps,
> Comme s'ils étaient seuls au monde.
>
> (II, 237)

Nous sommes loin du babil des coquettes et de certaines précieuses, des revendications sociales d'Eulalie et de Didascalie, des quolibets de la scène moliéresque et des controverses savantes des théoriciens d'académie. Ne sont-ce pas plutôt les renoncements et le refus définitif de la Princesse de Clèves que préfigurent de tels vers? Mais, là où la Princesse verra un néant de repos, Madame de Guyon entrevoyait le Grand Tout insondable, inexplicable et inaccessible, parce qu'Il Est.

Il y eut d'autres femmes poètes dont on se souvient encore ici et là, de temps en temps, quand il le faut. Comme d'autres, nous avons dû limiter notre choix; et ce choix ne se prétend pas impartial. Il n'avait pour but que de remettre en évidence quelques exemples éloquents de l'écriture poétique féminine qui virent le jour dans la vive lumière des salons et dans le clair-obscur des alcôves de l'époque.

Madame de Villedieu

Pour les besoins de sa cause, Nancy K. Miller se sentait récemment autorisée à ignorer les mises en parallèle courantes qui défavorisent cette romancière quand on la compare à Madame de Lafayette.[11] La première, qui est l'auteur des *Désordres de l'amour* (1675), mérite en effet qu'on la lise indépendamment de ses consœurs: cette œuvre inégale illustre le célèbre mot d'ordre—"Je me cherche dans tout ce que j'écris"—devenu à son tour un mot de ralliement pour un bon nombre d'écrivains féministes à la recherche d'une définition de "l'écriture féminine" telle qu'elle se pratique de nos jours. Madame de Villedieu a osé parler d'elle-même quand il le fallait; elle a commis des négligences qu'elle n'essaie pas toujours de dissimuler; elle a osé signer ses écrits. Elle apparaît un peu comme une aventurière de cour plus que comme une dame de cour accomplie. Le titre de l'œuvre en résume parfaitement la thèse principale: l'amour est le ressort de toutes les autres passions et de tous les mobiles de la chasse au bonheur, mais il mène ses victimes au désespoir et à la destruction de soi et d'autrui. L'amour que l'homme éprouve envers sa partenaire va s'amenuisant, en général, à mesure que celui de la femme s'approfondit et se consolide dans son triple rôle d'amante, d'épouse et de mère. La romancière met en relief, à la fois, le déplorable insuccès du dépassement de soi et la prévalence regrettable des êtres bas, vils et dépourvus d'héroïsme. Les relations humaines et, en particulier, celles qui mettent l'homme et la femme face à face, sont en réalité un combat cruel dont les manœuvres, les phases et le vocabulaire sont empruntés au domaine de la stratégie militaire et de la guerre. Prise d'assaut par le mâle, la femme se défend le mieux possible et fait l'expérience de la malignité de l'instinct sexuel, qu'il soit sauvage ou domestiqué. L'assaillant lui-même n'est pas exempt des souffrances qu'il provoque. La vaillance, la résignation ou l'indifférence souhaitables dans cette vaste entreprise de conquêtes, de revers, de victoires et de défaites, sont, tout au plus, des boucliers fragiles et inefficaces ou des manœuvres défensives vouées à l'échec.

 Les Désordres de l'amour fut probablement le dernier roman de Madame de Villedieu. L'ouvrage, comme ceux qui l'ont précédé, mais mieux encore, est destiné à "prouver" que la passion est funeste dans ses commencements, dans ses manifestations successives et dans ses résultats ultimes. La romancière reste consciente du fait qu'elle est femme et que c'est surtout aux autres femmes qu'elle s'adresse. A la recherche de sa propre identité dans son texte, elle ose mettre en doute les critères traditionnels de son contexte social; elle met ou remet en question les valeurs sur lesquelles se fondent les couches supérieures de cette société. C'est là, sans doute, que réside l'originalité de ses vues et de son apport à la fois féminin et féministe. Elle a romantisé les faits et les personnages historiques qu'elle brassait dans l'œuvre d'art; elle a même féminisé les réminiscences, les sources et les documents divers sur lesquels elle basait ses récits. Qu'elle ait inséré un énoncé historique dans son œuvre romanesque, ou, à l'inverse, serti ses expériences personnelles dans un cadre historique, elle a surtout démystifié ses lectrices. Au récit linéaire de l'historienne et aux sinuosités de la veine créatrice, elle a substitué le discours et l'écriture comme seule la femme peut les concevoir dans leurs modalités essentiellement cycliques. Et cela, Nancy K. Miller l'a fort bien montré dans l'article cité.

Certes, beaucoup d'autres écrivains avaient parlé de l'amour comme l'a fait Madame de Villedieu; de plus en plus pessimistes eux-mêmes, ils devaient même continuer à le faire avec une insistance grandissante. Certains d'entre eux avaient même été plus habiles que notre romancière dans la manière dont ils s'étaient exprimés. Mais ceux des écrivains qui avaient abouti à des conclusions similaires, parfois même après avoir consulté des consœurs, ces écrivains étaient pour la plupart des hommes qui se faisaient les porte-parole des représentants des deux sexes, un peu par définition et surtout "parce qu'il en était ainsi. . ." Tout le reste, c'était de la littérature!   Quand les Maîtres alignaient leurs doctes maximes sur les ravages de l'amour, cependant, n'était-ce pas un peu ou beaucoup la silhouette traditionnelle de la femme qui s'esquissait par delà les mots (amour, passion) qu'ils employaient? N'était-ce pas, un peu ou beaucoup, le corps d'Eve ou celui de Vénus qui apparaissait en filigrane sur la toile de fond du spectacle mental que l'écrivain projetait pour édifier son lecteur? Tout bien considéré, l'inspiratrice de l'amour, n'était-ce pas encore et toujours cette Eve équivoque, à la fois séductrice et dévastatrice, cette cause première—cette grande coupable du malheur des hommes et des femmes?

Comme chez Madeleine de Scudéry, avec Madame de Villedieu, la perspective a changé. La silhouette qui s'esquisse par delà les mots usuels qu'elle emploie, serait plutôt celle d'Adam, nu comme sa partenaire, s'efforçant en vain de dissimuler ou de déguiser son démon à lui? Si la femme est complice, c'est son droit; mais c'est aussi à ses risques et périls. Et ces risques sont éminemment plus considérables que ceux que court "l'Autre".

Madame de Sévigné

La célèbre Marquise a-t-elle été une précieuse? Etait-elle féministe? Quand on les presse de répondre à ces questions, les critiques sont loin d'être unanimes.

Des femmes de cette stature, dotées d'une forte personnalité et d'un talent créateur indéniable se laissent malaisément classer dans les catégories arbitraires et extrêmement variables de l'exégèse littéraire. Le véritable intérêt des questions de ce genre (oui ou non?) réside moins dans la réponse qu'on peut y apporter, en simplifiant les choses, que dans la démarche de l'interrogateur qui pèse et soupèse patiemment le pour et le contre à mesure qu'il avance, et qui parfois, quand il croit tenir sa réponse, s'aperçoit qu'elle lui échappe encore. . .

Les circonstances ont permis à la Marquise de naître dans un milieu social favorisé et dans un cadre culturel favorables à l'éclosion de ses dons naturels et de son talent littéraire. D'autres circonstances, moins heureuses, l'ont incitée à se chercher des compensations et des dérivatifs en bonne compagnie, dans certains salons privilégiés. Dans l'ensemble, elle a eu la chance de pouvoir choisir ses amies, ses relations et ses cercles culturels. Dans les salons qu'elle a élus ou tenus, il n'était certainement pas question de se grouper pour se distinguer à tout prix, pour lancer des modes nouvelles ou pour les suivre béatement; on y parlait sérieusement de langue et de littérature aussi bien que de morale, de religion et de philosophie. Sans doute y parlait-on aussi de la condition féminine, de l'éducation des enfants, des difficultés qui résultent de l'infidélité des maris et de la condition de veuve dans un milieu hostile à l'émancipation de la femme, quels que soient son âge et sa situation. Elle a fait tout son possible pour bien éduquer et instruire sa fille aussi consciencieusement que son fils. Devenue veuve à vingt-cinq ans, elle a assumé très tôt mais avec conviction ses responsabilités de chef de famille et géré les biens et les propriétés dont la responsabilité incombe habituellement à l'époux. Cette femme admirable dans son comportement a-t-elle souscrit aux griefs et aux revendications des avant-gardistes de l'émancipation des femmes de son temps? Il ne le semble pas. Rien, dans la *Correspondance,* ne laisse à penser qu'elle aurait pu ou voulu y souscrire. Elle est très discrète—certains diront trop discrète—à cet égard. Réservait-elle son jugement? Elle a vraisemblablement choisi de se taire pour des raisons diverses dont certaines sont suggérées dans les *Lettres:* malgré les sautes d'humeur, solidité de caractère, besoin de permanence, forte vie intérieure, convictions profondes, sens aigu des responsabilités immédiates, besoins métaphysiques impérieux, rectitude de jugement, sens de l'humour et de la relativité des perspectives, indépendance d'esprit. . . et nous n'oublierons surtout pas l'importance des relations humaines véritables et le rôle bénéfique du réel talent littéraire créateur que la Marquise savait posséder. Elle a choisi de ne pas mettre ce talent au bénéfice de celles qui, moins soumises ou carrément rebelles, avaient choisi de se prononcer en faveur du combat et de l'engagement sociaux. Elle n'a pas dit à ses consœurs plus agressives qu'elle souscrivait à leurs projets de réforme; d'autre part, elle ne leur a pas dit qu'elle n'y souscrivait pas. Certains pays sont neutres et reconnus comme tels dans le monde; certaines femmes d'hier ont préféré s'abstenir et beaucoup de femmes d'aujourd'hui s'en tiennent encore à cette neutralité reconnue comme une position valable et légitime.

Cependant, nous n'oublions pas que Madame de Sévigné avait été introduite très tôt à l'Hôtel de Rambouillet, qu'elle a pris part aux débats de plusieurs salons et qu'elle avait même des amies précieuses ou réputées telles. Elle a fréquenté des ruelles, et son style littéraire comme son style de vie n'y ont rien perdu; elle y a pris, à son insu ou de plein gré, des leçons de vocabulaire, de syntaxe et de goût qu'elle a mises en application dans son œuvre épistolaire. Elle aimait ses loisirs et ses aises; ses "retraites" étaient agréables et s'ouvraient à la bonne compagnie et aux plaisirs qu'ils y apportaient aussi bien qu'aux derniers potins de la ville ou de la cour. La cour? Ici encore, la Marquise est neutre ou plutôt ambivalente. D'une part, elle est bien en cour et elle nous laisse entendre qu'elle garde son franc-parler avec le souverain et son entourage; de l'autre, elle est méfiante et elle recommande d'honorer ce Roi et de le craindre. Aurait-elle peur de perdre son rang en cour? Son ambition secrète ne l'inciterait-elle pas à oser espérer un rang supérieur encore? Qui sait? La Marquise a besoin de croire en Dieu et aux sacrements, mais elle n'est pas dévote; elle n'est surtout pas trop austère. . . A ses yeux comme dans la pratique des choses, la retraite est le hâvre où convergent deux conceptions essentiellement opposées du repos: le retraite du monde et de ses vanités d'une part, de l'autre, le rappel et le bon accueil renouvelé de ce monde et de ses plaisirs.

Il y a plus, Madame de Sévigné se méfie des hommes; ses préférés sont ceux qui n'essaient pas de la séduire ou qui y ont renoncé, comme son cousin Bussy. Elle est en bons termes avec ceux qu'elle estime, qu'elle respecte ou qu'elle admire. A l'exception de ses plus chères amies, elle semble se méfier aussi, parfois, de certaines femmes qu'elle fréquente. Elle est sociable, mais elle sait flairer la menace ou le danger qu'elle court parmi les Mondains. La Marquise se soucierait-elle surtout de ses intérêts propres et du bien-être de ses enfants? Son confident le plus sûr est son talent épistolaire. La lettre qu'elle écrit lui permet de communiquer avec les autres sans avoir à communier avec eux; la lettre anime les monologues intérieurs et les déguise en dialogues sérieux ou divertissants de son choix et sous son contrôle. La correspondance est pour elle le plus sûr moyen de vivre au jour le jour, de revivre le passé, de ne retenir du présent que les aspects anecdotiques, et de ne pas trop penser à ce que l'avenir tient en réserve. Ce programme individuel ne peut en aucune manière inclure les projets sociaux des avant-gardistes de la ruelle, mais il ne l'empêche pas de fréquenter les salons et les alcôves. D'autre part, ce programme ressemble étrangement à celui dont se contentaient beaucoup de précieuses pour qui la ruelle était, par excellence, un lieu de refuge apprécié.

Loret n'a pas hésité à ranger la Marquise parmi les précieuses du temps. Sophie et Didier Decaux citent, entre autres, ces quelques vers du gazetier, à la date du 15 novembre 1651[12]:

> Sévigné, jeune, veuve et belle,
> Comme une chaste tourterelle
> Ayant d'un cœur triste et marri
> Lamenté monsieur son mari,
> Est de retour de la campagne,
> C'est-à-dire de la Bretagne,
> Et malgré ses sombres atours
> Qui semblent ternir ses beaux jours
> Vient augmenter dans nos ruelles
> L'agréable nombre des belles.

Beaucoup de facteurs nous inclinent à voir dans la Marquise une précieuse de bon aloi, exceptionnelle et insaisissable dans son for intérieur. Elle ne fut pas revendicatrice. Elle a peu parlé de ses amers déboires sentimentaux; elle a dit bien davantage sur ceux d'autres femmes et sur le douloureux chapitre de l'inconstance masculine. Sa discrétion et son silence sont aussi éloquents que certains réquisitoires véhéments mais souvent plus suspects et moins convaincants.

Madame de Lafayette

L'amie de Madame de Sévigné a, elle aussi, quelque chose d'insaisissable, et pour diverses raisons. Une fois son nom prononcé, on pense inévitablement à son chef-d'œuvre, *La Princesse de Clèves* (1678). En fait, les prises de conscience successives de la Princesse, ses repliements et son refus définitif n'ont jamais cessé d'intriguer le lecteur et de l'inciter à désirer en savoir davantage sur la "personnalité" de l'auteur. On a beaucoup écrit à ce sujet, et nous n'y reviendrons ici que par le biais de certaines perspectives féministes nouvelles.

Une étude assez récente de Micheline Cuénin[13], sans prétendre à vouloir percer le mystère qui entoure la personnalité de l'auteur, tient compte de la condition des femmes nobles de l'Ancien Régime et projette un éclairage nouveau sur les personnages romanesques du chef-d'œuvre et sur ceux des autres romans de la Comtesse. Cette étude montre bien que les récits de Madame de Lafayette permettent de relever des indices sociaux et culturels ainsi que des faits historiques importants, que les critiques littéraires, les sociologues et les historiens eux-mêmes ont tendance à négliger, faute d'en mesurer la valeur réelle.

L'essayiste examine "les voies de la mort" telles qu'elles se sont manifestées dans certaines phases marquantes de l'histoire de l'Occident. Elle rappelle que, si beaucoup d'hommes célèbres ont subi une mort violente, de très nombreuses femmes de haute ou de plus humble extraction ont connu un destin semblable, quand elles étaient portées au pouvoir: "Engagées dans la machine politique, les femmes qui en reçoivent tous les honneurs, doivent s'attendre, comme les hommes, aux brusques revers de fortune dont la mort est en général l'infaillible sanction. L'ambition ne tient pas compte du sexe, et la narratrice ne s'attendrit guère sur ces dénouements macabres" (p. 95).

Elle met ensuite en relief d'autres "voies de la mort" que seules les femmes peuvent connaître: servitudes biologiques et leurs répercussions psychologiques, auxquelles s'ajoutaient les pressions sociales attribuables surtout à une notion de l'honneur et du devoir et au sentiment de honte. Elle analyse le lent processus de désintégration qui peut finir par terrasser l'être féminin dans une société raffinée où le mâle domine et condamne la femme à jouer son rôle. Les impératifs du code de la chevalerie qui pesaient déjà sur les Dames du Moyen Age sont encore en vigueur au XVIIe siècle; rebaptisé, il se nomme à présent Le Code de la Galanterie.

Et Micheline Cuénin devait conclure en ces termes: "Ainsi la mort est-elle pour Mme de Lafayette, non la voie de la gloire, mais l'agent le plus sûr et le plus efficace de la sélection naturelle." (p.117) Certains théoriciens de l'éducation féminine du dernier quart du siècle iront plus loin encore: ils verront dans certaines pages dites glorieuses de l'histoire de l'humanité une sinistre entreprise génocide destinée à empêcher la femme d'accéder aux emplois officiels et au pouvoir politique. *L'Histoire de Madame, Henriette d'Angleterre* (1688, éd. posthume), *Zayde* (1669-71), *La Princesse de*

Clèves (1678)... La série continue. Certes, la Princesse n'est pas mise à mort et elle ne se la donne pas; elle s'y résigne et s'y prépare consciemment dans sa lassitude et non sans avoir éprouvé un profond sentiment de culpabilité envers son mari défunt. Qu'il s'agisse d'une mort violente ou d'une mort plus douce, la monarchie et les structures politiques et sociales en vigueur tuent les plus nobles femmes. Et au cœur même du problème que pose cette constatation navrante, on retrouve encore les angoisses qu'entraîne pour la femme la hantise de la faute dans le mariage de raison.

Comme on le sait, Madame de Lafayette et Madame de Sévigné furent de grandes amies. Leur veuvage et leurs lourdes responsabilités familiales devaient les rapprocher tout autant que leurs goûts, leur talent littéraire et leur sociabilité. Quant à savoir si Madame de Lafayette était elle aussi une précieuse, ce que nous avons dit de la Marquise nous semble s'appliquer à la Comtesse tout autant. Beaucoup d'historiens de la littérature ont même vu dans son chef-d'œuvre un roman précieux, un roman historique et un roman classique tout à la fois. Il serait malvenu de contester ce jugement; il n'a pas cessé de faire autorité. Mais ici encore, c'est bien de la précieuse exceptionnelle, de bon aloi, surtout insaisissable dans son for intérieur qu'il s'agit. En dernière analyse, la vraie précieuse se révèlera-t-elle aussi "indéfinissable"?

La Veuve

Roger Duchêne est bien connu de longue date parmi les dix-septiémistes pour ses recherches et ses publications sur Madame de Sévigné, sa *Correspondance* et son entourage; ses collègues de la Métropole et d'outre-mer ont donc trouvé très naturel qu'il s'intéressât aussi à la condition de la veuve dans la littérature et dans la société du Grand Siècle... Dans une étude parue en 1978 et reproduite en 1984[14], Il dirigeait l'attention de ses lecteurs vers la question fondamentale qui se pose à propos du veuvage des femmes: Est-il une libération? Dans l'affirmative, une femme peut-elle être vraiment libre dans le contexte social de son époque, si elle n'a pas appris à vivre libre? Que fera-t-elle de sa liberté soudainement acquise?

L'Eglise est évidemment la première à sanctionner l'état civil de la veuve; elle souligne que celle-ci, en tant que mère et éducatrice, participe aux deux conditions; elle demeure dans le monde et elle trouve refuge dans l'Eglise qui l'aide dans sa recherche de la perfection. L'Eglise présente même la chasteté viduale comme une virginité recouvrée dans l'humilité de la perte subie dans la famille. Aux veuves qui se remarient, le clergé ne manque pas de rappeler les conseils de St Paul: le remariage n'est pas condamnable a priori, mais la veuve qui se marie de nouveau peut se sentir coupable aux yeux des hommes. La veuve doit aussi éviter d'être un objet de scandale ou une pierre d'achoppement pour d'éventuels prétendants à sa main. Elle doit donc s'abstenir des manifestations de la vie mondaine qui la feraient paraître comme un sujet ou un objet de séduction, et mener une vie chaste parallèle à celle que propose la retraite et qu'impose le couvent.

Roger Duchêne fait observer que ces exhortations n'ont pas inspiré les grands auteurs du temps. Par ailleurs, dans la pratique des choses, la plupart des veuves du XVIIe siècle n'ont pas manqué de saisir au vol les occasions de se chercher et de se trouver d'autres consolations. En effet, "c'est au XVIIe siècle que les signes extérieurs du veuvage commencent à se réduire en importance et en durée" (p. 169). D'autre part, beaucoup de ces veuves ont joué le jeu qui consiste à paraître dévotes tout en s'efforçant de bien soigner leurs propres intérêts financiers et économiques.

Dans la tragédie, les auteurs ont mis l'accent sur les aspects pathétiques et spectaculaires de la viduité. Sur la scène comique où le masque tombe, le veuvage peut être en quelque sorte le moment de la libération, de la récompense ou des compensations souhaitées ou acceptées avec d'autant plus de ferveur qu'on a souvent dû épouser sans aimer et que le défunt n'était pas un ange. . .

Le cas de Célimène, sans être nécessairement typique, est assez révélateur. Elle est jeune encore et elle aime la compagnie masculine; l'auteur fait de sa maison un centre de vie mondaine. Il fallait sans doute qu'elle fût veuve pour "être au centre d'un petit royaume" (p. 175). Elle jouit donc d'une liberté assez grande. Et pourtant, comme toutes les veuves, Célimène "reste soumise à l'opinion. . . Livrée à elle-même, la veuve n'a que sa bonne conduite pour protection. . . La liberté de la veuve doit demeurer dans les étroites bornes de la bienséance" (pp. 175-76).

Le cas de Dorimène confirme lui aussi l'influence prépondérante de l'opinion publique sur les rares options de la veuve aux abois si, contrairement à Célimène, elle est en proie à l'insécurité économique. R. Duchêne rappelle à juste titre que

> Dorimène a fait mine d'être un parti intéressant parce qu'elle a cru
> Dorante riche. De toutes façons pourtant, elle a davantage à perdre,
> puisque tout mariage est pour une femme sacrifice de sa liberté, risque
> de trouver à la place d'un amant soumis un mari désormais tyrannique.
> (p. 179)

Dans le vécu, Madame de Sévigné qui a elle-même fait de nombreuses allusions à des veuves célèbres, se détache évidemment par son veuvage exemplaire, accepté dans la sérénité et l'équilibre d'une sage mondaine, d'une mère attentive et d'une artiste à qui les circonstances du veuvage ont permis de vivre dans l'aisance.

Le critique conclut que, si l'Eglise proposait de la veuve un portrait noble, cohérent et idéalisé, en pratique on ne peut guère parler en général du bonheur ou du malheur du veuvage au XVIIe siècle. Chaque veuve réelle ou fictive avait affaire à des facteurs moraux, religieux, économiques et sociaux extrêmement variables en fonction des situations individuelles. La littérature du siècle témoigne de cette incertitude et de cette mobilité; elle offre "la double image d'Andromaque ou d'Artémise et de la matrone d'Ephèse ou de la veuve de La Fontaine" (p. 179). Et cette double image n'a inspiré que de rares chefs-d'œuvre.

Chapitre II

Molière, l'avocat des femmes

Molière et le complexe de Pygmalion

PARMI LES CREATEURS, QUELLE PLACE fallait-il accorder dans ce modeste Essai au contemplateur des mœurs de son temps et au géant de la scène comique? Il méritait incontestablement son chapitre propre et il nous incombait de le relire, comme les autres écrivains, dans la perspective double de la préciosité et du féminisme.

S'armant principalement des *Précieuses ridicules* et des *Femmes savantes,* les critiques ont parfois projeté de Molière une image juste mais simplifiée sinon simpliste, celle d'un arbitre impartial qui, sans discrimination de sexe, d'âge et de rang, raille toute forme d'excès, y compris donc ceux des femmes qui essaient maladroitement ou vainement de s'émanciper. Il vaudrait mieux, somme toute, qu'elles s'efforcent avant tout de bien remplir leurs triples fonctions de femmes, d'épouses et de mères! Et ces critiques nomment, dans beaucoup d'autres pièces et dans *Les Femmes savantes,* des modèles du genre: Agnès, Célimène, Elmire, Henriette. . . Les grandes et belles figures féminines ne manquent certes pas sur la scène moliéresque. Cette approche critique est cependant incomplète et insatisfaisante; elle n'aide pas à résoudre le problème fondamental de l'éducation féminine, que Molière a laissé pour ainsi dire en suspens.

Avant d'aborder ce problème, il vaut la peine de se demander si ce que nous venons de dire des modèles féminins s'applique aussi bien aux modèles masculins? Qui seraient ces modèles? Les soi-disant "raisonneurs"? Sont-ils vraiment admirables? Leur personnalité est limitée par les fonctions diverses qu'ils remplissent fort bien dans les pièces. La parole est l'arme la plus efficace dont ils disposent, et chez les meilleurs parmi eux, le verbe s'incarne même dans des actes convaincants. Mais sont-ils admirables au même degré qu'Agnès, Célimène, Elmire et Henriette?

On nous objectera que le dramaturge devait surtout s'en tenir aux exigences du comique et éviter les pièges de l'héroïque et du tragique. Et cette objection s'applique aux personnages masculins et aux féminins tout autant. Mais en fin de compte, s'il faut choisir entre ceux-ci et ceux-là, notre préférence secrète ou avouée ne nous incline-t-elle pas à opter en faveur des femmes?

Si cela est vrai, comment expliquer que les quatre "héroïnes comiques" proposées comme modèles l'emportent sur les personnages de l'autre sexe? Sans être le champion des femmes, Molière ne se serait-il pas fait leur avocat habile ou même leur défenseur public?

René Jasinski[1] fut sans doute le premier à prendre au sérieux et à mettre en valeur une obsession essentiellement masculine reconnue aujourd'hui sous l'appellation de "complexe de Pygmalion". On connaît la figure pathétique du sculpteur cypriote dont Vénus anima le chef-d'œuvre, Galatée, en réponse à sa prière fervente. A l'exemple de Dieu qui créa l'homme à Son image, l'artiste, à son tour, façonne la femme à sa propre image; l'homme crée la femme de ses désirs et de ses rêves. Que se passe-t-il quand, par un juste retour des choses, la femme ainsi créée ne renvoie pas à son auteur l'amour qu'il lui porte, se rebelle et revendique son indépendance absolue? George Bernard Shaw, dans son *Pygmalion* (adapté ensuite à l'écran et à l'opérette dans *My Fair Lady*) envisage carrément cette éventualité et traite par l'ironie le vieux mythe tragique: ce qui arrive au professeur Higgins comme à Alceste s'applique tout aussi bien à beaucoup d'autres personnages masculins de Molière, qu'ils soient pères, époux, tuteurs, soupirants ou simples figurants.

Les premières farces de Molière figurent des querelles de ménage de bas étage où les torts sont souvent partagés entre la mégère insoumise éprise de liberté ou de plaisirs interdits et son bougon d'époux qui n'a cure du bonheur et de l'indépendance des femmes et des filles. Elles contiennent déjà, cependant, des silhouettes masculines caricaturales qui inspireront les grands portraits à venir: pères autoritaires, époux tyranniques ou velléitaires, chefs de famille sans envergure qui ont abdiqué leurs responsabilités morales et leur bon sens, amants contrariants ou trop exigeants, tuteurs intraitables et jaloux, fils faibles et timorés. *La Jalousie du Barbouillé* et *Le Médecin volant* ne font guère poids dans le dossier.

Dans *Le Dépit amoureux* (1656), Eraste et Valère ont recours au langage précieux, mais c'est pour dénoncer une conception de l'amour qui ne les satisfait pas quand c'est Lucile qui s'en fait le porte-parole; les deux rivaux préconisent une conception plus vraie et plus naturelle de l'inclination partagée:

Eraste-

> Pour moi je suis peu fait à cet amour austère
> Qui dans les seuls regards trouve à se satisfaire,
> Et je ne forme point d'assez beaux sentiments
> Pour souffrir constamment les mauvais traitements:
> Enfin, quand j'aime bien, j'aime fort que l'on m'aime.
>
> (I, 3, vv. 201-05)[2]

Et Valère de renchérir en termes aussi délicats mais catégoriques:

> Il est très naturel, et j'en suis bien de même:
> Le plus parfait objet dont je serais charmé
> N'aurait point mes tributs, n'en étant point aimé.
>
> (Ibid., 206-08)

D'autre part, nous savons que la stratégie de Lucile est hautement justifiée; elle ne vise qu'à rassurer la fille nubile sur les intentions véritables de celui dont elle est éprise et dont elle veut être vraiment aimée en retour.

C'est évidemment dans *Les Précieuses ridicules* (1659) que le dramaturge pose la première pierre d'angle qui ne manquera pas d'être aussi la pierre d'achoppement des critiques. Faut-il, oui ou non, prendre la préface de Molière au pied de la lettre ou, au contraire estimer que la distinction qu'il établit entre les "véritables précieuses" et leurs imitatrices "ridicules" ne constituent de sa part qu'une habile manœuvre, une précaution utile ou une boutade?

Parmi les sceptiques les plus récents, Ian M. Richmond[3] maintient que la distinction du Comédien du Roi ne peut en aucune manière se prendre à la lettre. Brébeuf, Michel de Pure, Somaize, Sorel et Molière n'auraient tous retenu que le sens péjoratif du terme. Il excepte toutefois parmi les précieuses de l'abbé de Pure, Eulalie, Didascalie, Sophronisbe, Mélanire et Aracie. Quant à nous, nous persistons à faire confiance au contemplateur des mœurs et à estimer que sa "satire honnête" ne vise que les "vicieuses imitations de ce qu'il y a de plus parfait", même si cette affirmation n'est pas tout à fait exempte d'ironie.

Cela dit, il faut reconnaître que le texte de la pièce est aussi limpide que la leçon qui s'en dégage; il est même si limpide que le lecteur en vient facilement à oublier les problèmes sérieux qui le sous-tendent: les dangers de l'affectation dans tous les domaines, l'éducation des filles, la tyrannie des pères, l'évolution des mœurs, du comportement en société et des critères du goût. . . Relisons donc ce texte à la lumière des problèmes sociaux qui y sont sous-jacents.

Le bourgeois Gorgibus n'a qu'un désir, celui d'établir sa fille et sa nièce car elles lui coûtent cher. Le mariage ou le couvent. Ce choix qui nous semble absurde ne l'était pourtant pas dans la même mesure en fonction de la mentalité de l'époque; il était effarant pour les filles. Ainsi menacées mais en quête d'un certain romanesque à la mode, elles cherchent surtout les moyens d'éviter le mariage forcé et le couvent. Comme partout ailleurs sur la scène moliéresque, leur erreur est de poursuivre une fin légitime et même louable en l'occurrence, mais de recourir à des procédés inappropriés, médiocres et ridicules. Les romans qu'elles ont lus leur ont appris à se méfier des hommes, des engagements rapides et des promesses fallacieuses. Les deux pecques provinciales ont aussi entendu parler des salons et des ruelles; de ces festins où elles n'étaient pas conviées, elles ont glané par ouï-dire des miettes ou des reliefs. On leur a dit que la vigilance et la pudeur étaient de rigueur pour les filles. D'où venaient ces conseils? Probablement des religieuses qui ont fait de leur mieux pour leur inculquer des rudiments de morale à un âge plus tendre; probablement aussi des passionnants romans dont la lecture leur était interdite, mais qu'elles lisaient en cachette et sans doute en compagnie, avec d'autres filles rangées.

"Comment est-ce qu'on peut souffrir la pensée de coucher contre un homme vraiment nu?" (I, p. 231). (Soit dit en passant, cette pudeur surannée a dû être fort contagieuse: elle a perduré dans les éditions scolaires de certains Classiques d'où la phrase était rayée assez récemment encore.) La quatrième scène le confirme: Cathos et Magdelon ont beaucoup appris chez Madeleine. Elles sont ridicules; elles sont aussi pathétiques. Les miettes des festins mondains et les bribes du réfectoire des bonnes sœurs ne les ont pas rassasiées, loin de là. Vouées à l'ignorance par un milieu peu favorable, elles désirent en savoir davantage. C'est de tout cœur qu'elles saisissent l'occasion d'obéir à Gorgibus et de s'initier aux secrets de la ruelle; n'est-ce pas le Ciel qui leur envoie deux visiteurs inespérés? Il n'est pas jusqu'aux allusions aux soins de beauté—"pommade". . ."blancs d'œufs, lait virginal, et mille autres brimborions. . ." (p. 229) qui n'aient leur raison d'être dans la farce. On rit, et pour cause. Au siècle antiseptique qui nous a vus naître sous le signe de la propreté, oublie-t-on que les soins du corps préoccupaient les femmes et les hommes du Grand Siècle d'une tout autre manière? Simone de Beauvoir n'a pas manqué de consacrer un grand nombre de pages à ce sujet, dans le domaine olfactif particulièrement.

Bienséance, bonnes manières, us et coutumes, art de converser, beau langage, vie littéraire, éducation féminine, mariage ou retraite définitive au couvent. . . tout cela passionne les filles les plus vulnérables qui soient.

Mais alors, où sont les véritables précieuses? Elles ne figurent pas dans la pièce. Devaient-elles s'y trouver? Molière en a décidé autrement. . . Mais nous n'oublions pas qu'il les a mentionnées dans sa préface et surtout qu'il nous a permis de les deviner un peu comme des Muses ou des Fées insaisissables dont la magie avivait les aspirations les plus profondes de deux oisonnes de province. Elles nous font rire, assurément; elles nous font aussi réfléchir. . .

Dans *Sganarelle ou le cocu imaginaire* (1660), l'éclairage change, mais la scène figure encore un intérieur bourgeois et c'est de nouveau Gorgibus qui représente le père tyrannique et arbitraire; il a ordonné à sa fille d'épouser le mari qu'il lui destine. Le caractère du père n'a pas changé dans son essence, mais il s'est développé et précisé par certains traits. Pour lui, c'est "la somme" qui fait "l'honnête homme" (vv. 19-22). A sa fille, Célie, qui proteste naturellement contre ce mercantilisme avoué, il rétorque:

> Voilà, voilà le fruit de ces empressements
> Qu'on vous voit nuit et jour à lire vos romans:
> De quolibets d'amour votre tête est remplie,
> Et vous parlez de Dieu bien moins que de Célie.
> Jetez-moi dans le feu tous ces méchants écrits,
> Qui gâtent tous les jours tant de jeunes esprits.
> (vv. 26-31)

Parodie de l'éducation des filles de bourgeois: Molière y est enfin venu sans équivoque possible. Comme le père de Magdelon, celui de Célie s'est quand même aperçu que les filles aimaient lire d'autres textes que ceux qu'il préconise.

Où donc la femme de Sganarelle a-t-elle pu puiser les remarques que lui inspire le comportement des conjoints avant et après la cérémonie nuptiale? Dans sa propre expérience, mais aussi dans les romans et dans les ouï-dire en provenance de la ruelle précieuse que réprouvent les pères et les maris bien pensants:

> Voilà de nos maris le procédé commun:
> Ce qui leur est permis leur devient importun.
> Dans les commencements ce sont toutes merveilles;
> Ils témoignent pour nous des ardeurs sans pareilles;
> Mais les traîtres bientôt se lassent de nos feux,
> Et portent autre part ce qu'ils doivent chez eux.
> Ah! que j'ai de dépit que la loi n'autorise
> A changer de mari comme on fait de chemises!
> Cela serait commode; et j'en sais telle ici
> Qui, comme moi, ma foi, le voudrait bien aussi.
>   (vv. 131-40)

Le rire que provoque la métaphore a fait que l'allusion à la loi et à ses modifications possibles est passée presque inaperçue; et pourtant, la boutade avait de quoi frapper!

La logique de la réplique est cavalière et impeccable dans sa simplicité et dans sa fausse naïveté. Les précieuses exprimaient plus habilement des convictions fort semblables. La loi n'autorise pas le divorce, mais l'usage tolère l'inconstance des hommes. De toute façon, Sganarelle n'est qu'un Pygmalion de foire; bien qu'anonyme dans cette comédie, *sa femme,* sans être son chef-d'œuvre, le dépasse aisément. Cette interprétation burlesque du mythe antique annonce les grandes réincarnations du sculpteur cypriote dans les caractères d'Arnolphe et d'Alceste en particulier.

Dans *Dom Garcie de Navarre ou le prince jaloux* (1661), comme Georges Mongrédien l'a bien fait remarquer dans sa notice,

> Molière avait cru bien faire en transformant son héroïne en véritable précieuse, de sentiments élevés, sensible à sa gloire, comme les héros cornéliens, à sa réputation; elle entend rester maîtresse de ses sens, et dès le début du premier acte, entre dans le jeu de la casuistique amoureuse chère aux précieuses, en dissertant sur une de ces "questions d'amour" en faveur dans les salons: un véritable amant peut-il être jaloux? Dom Garcie n'est pas un héros de roman; c'est un malade qui s'accorde mal avec l'héroïne trop romanesque. (I, p. 282)

Dom Garcie est un obsédé; il est bourré de complexes. Eperdument épris d'Elvire, comme Alceste le sera de Célimène, il ne cesse de l'importuner; elle prend plaisir à se rendre plus cruelle encore en revanche. Son idée fixe l'apparente au héros racinien plus qu'au héros cornélien. En fin de compte, il devra faire amende honorable et Elvire se réconciliera avec lui.[4]

La première scène du troisième acte nous intéresse au plus haut point: elle traite de "l'honneur du sexe".

> Done Elvire -
>> Et puisque notre cœur fait un effort extrême
>> Lorsqu'il se peut résoudre à confesser qu'il aime,
>> Puisque l'honneur du sexe, en tout temps rigoureux,
>> Oppose un fort obstacle à de pareils aveux,
>> C'est elle (la mort) qui m'arrache à tous mes fiers tyrans
>> Car je puis sous ce nom comprendre mes parents.
>> J'ai par elle évité cet hymen redoutable,
>> Pour qui j'aurais subi une mort véritable;
>
> (vv. 1158-61)

Pour la femme, quel que soit son rang social, le mariage est et reste le problème capital. Le maintien de sa liberté individuelle l'emporte sur toutes les autres considérations, y compris le respect de la liberté d'autrui et la raison d'Etat.

Après cette brève incursion dans les sphères raréfiées de la haute noblesse espagnole, Molière en revient à ses bourgeois de France dans _L'Ecole des maris_ (1661). C'est dans cette comédie de haute valeur que l'auteur propose véritablement un choix au spectateur: d'une part, des méthodes éducatives tyranniques et surannées, de l'autre, des voies nouvelles, expérimentales et imprécises, mais basées sur le respect de la liberté de la fille, sur son esprit d'initiative et sur sa participation active. A vrai dire, les deux filles adoptives—et elles sont sœurs—n'ont pas à choisir; elles sont à la merci des deux frères plus âgés qui se sont vu confier leur éducation. L'une a eu la chance de se faire adopter par Ariste, l'autre, la malchance de dépendre des édits arbitraires du tyran Sganarelle. Ariste est presque sexagénaire, Sganarelle a atteint la quarantaine. Comment vont-ils préparer les pupilles au mariage?

Pour Ariste, la condition d'épouse n'est en fait que le prolongement de la condition de fille; si celle-ci a appris à faire bon usage de sa liberté, il s'ensuit qu'elle continuera à se comporter de la même manière dans ses fonctions d'épouse. Pour Sganarelle, au contraire, l'éducation sévère et rigide d'une fille ne vise qu'à faire d'elle une femme docile. Le mythe de Pygmalion a resurgi dans la perspective burlesque, mais la veine comique n'affecte en aucune manière le substrat tragique de la condition féminine.

Sans équivoque possible, le dramaturge a posé la liberté en principe; il va démontrer par l'absurde que la servitude des filles et des femmes est préjudiciable au plus haut degré. Il laissera ensuite aux théoriciens de l'éducation le soin de préciser les modalités d'application de ce principe fondamental; les limites, les méthodes et les programmes ne sont nullement de son ressort; il est dramaturge. Son ironie cinglante se manifeste dans ce superbe quatrain de Sganarelle, le Pygmalion bouffon:

> Va, pouponne, mon cœur, je reviens tout à l'heure.
> Est-il une personne et plus sage et meilleure?
> Ah! que je suis heureux! et que j'ai de plaisir
> De trouver une femme au gré de mon désir!
> (vv. 675-78)

Il ignore, le fat, que sa Galatée n'a pas dit son dernier mot. L'hommage que Georges Mongrédien adressait à Molière dans sa notice conclura pour nous:

> Pour lui, la base de la vertu et de la fidélité des femmes est dans la liberté, comme l'affirment les précieuses, et non dans la contrainte. Ce sera la leçon même de *L'Ecole des femmes*. (p. 349)

La fantaisie rapide des *Fâcheux* (1661) ne verse aucun élément nouveau au dossier, elle confirme l'influence de la ruelle où ne cessaient de s'organiser des joutes oratoires au sujet de l'amour:

> Orante -
> > Enfin ce grand débat qui s'allume entre nous,
> > Est de savoir s'il faut qu'un amant soit jaloux.
> > (II, 4, vv. 401-02)

> Sur quoi Clymène enchaîne:
> > Lequel doit plaire plus d'un jaloux ou d'un autre.
> > (Ibid., 404)

L'ironie du dramaturge est manifeste: on saisit d'emblée la mes-
quinerie d'un tel débat, surtout quand il se situe dans un contexte bouffon et
met aux prises des fantoches.

L'année suivante, Molière se penche de nouveau avec beaucoup de
sérieux sur la question grave de l'éducation des filles. 1662 est une année
très significative, car c'est celle de *L'Ecole des femmes* qui fait pendant à
L'Ecole des maris.

C'est Arnolphe, précisément, qui permettra au Pygmalion tragique
de la légende grecque, de se réincarner avec le plus de brio, dans le tuteur
burlesque du XVIIe siècle français:

> En femme, comme en tout, je veux suivre ma mode,
> Je me crois riche assez pour pouvoir, que je crois,
> Choisir une moitié qui tienne tout de moi,
> Et de qui la soumise et pleine dépendance
> N'ait à me reprocher aucun bien ni naissance.
>
> (vv. 124-28)

Il n'hésitera pas à nous confirmer sa vocation créatrice dans le vers
célèbre qui résume la longue tirade: "Pour me faire une femme au gré de
mon souhait" (v. 142).

Arnolphe croit bien connaître les mœurs et les femmes de son
époque; c'est tout à la fois contre les savantes, les coquettes et les précieuses
qu'il fulmine:

> Héroïnes du temps, Mesdames les savantes,
> Pousseuses de tendresse et de beaux sentiments,
> Je défie à la fois tous vos vers, vos romans,
> Vos lettres, billets doux, toute votre science
> De valoir cette honnête et pudique ignorance.
>
> (vv. 244-48)

Adversaire farouche du progrès, il s'oppose aux "belles assemblées", aux "promenades du temps" et au "jeu". Seules comptent à ses yeux
les pratiques d'un autre âge et les atroces "Maximes du mariage, ou les
devoirs de la femme mariée, avec son exercice journalier" (III, sc. 1 & 2).
La parodie de cette conception aberrante de l'hymen est trop manifeste pour
que nous nous y attardions ici; mieux vaut rappeler à ce propos la
savoureuse réplique d'Agnès:

Chez vous le mariage est fâcheux et pénible,
Et vos discours en font une image terrible;
Mais, las! il le fait, lui (Horace) si rempli de plaisirs,
Que de se marier il donne les désirs.
                                        (IV, sc. 4, vv. 1516-19)

Face à un Adam complexé et sclérosé que ces paroles pétrifient, Eve tient surtout à ne pas lever l'option: le mariage est horrible ou il est désirable. . . et c'est selon, comme on dit familièrement. L'amour a commencé à déniaiser Agnès. Un peu comme la jeune femme actuelle, elle s'interroge, cherche son identité fraîchement recouvrée, sa nature véritable, sa liberté et son devoir. Le projet a de l'envergure! Adam n'a pas changé; Eve a commencé à oser envisager une évolution possible malgré tous les interdits du Maître.

La narration de la fameuse scène du balcon qu'Horace fait à Arnolphe (IV, sc. 6) révèle en partie la nature de cette Eve nouvelle. Agnès qui n'est ni savante, ni coquette, ni précieuse, s'est contentée de prendre tout naturellement la place que lui assignaient déjà les trouvères et les romanciers courtois: la place d'honneur. Rien ne manque dans la symbolique et la thématique de cette esquisse: balcon, échelle, porte ouverte par l'amante inquiète, jardin, feuillage, fraîcheur bienfaisante. A son balcon, la femme est supérieure à l'homme, mais elle se garde bien de le lui rappeler, car elle est avant tout accessible et disponible, en quelque sorte. En fait, elle est déjà complice et elle a pris certaines précautions: à son niveau, elle est protégée, mais la porte du jardin laissée ouverte, l'armoire, l'échelle sont de son invention et sont destinées à faciliter le larcin. Arnolphe n'est pas de taille à comprendre que le "renfermement" de la femme est contraire aux lois naturelles et qu'il incite le rival à ce larcin et la prisonnière à la connivence. Par un renversement génial de la perspective, dans *L'Ecole des femmes,* ce ne sont plus les maris qui se disent entre eux comment on doit conduire la femme, c'est elle qui fait la leçon aux maris et aux amants par surcroît.

La Querelle des Femmes reprend de plus belle dans *La Critique de L'Ecole des femmes* (1663), par laquelle Molière se venge de certaines critiques absurdes qu'on a formulées contre son *Ecole*. Il laisse s'exprimer sa tristesse et une certaine amertume; il recouvre aussi sa bonhomie qu'il essaie de communiquer à sa troupe. En l'occurrence, c'est à ses personnages qu'il laisse le soin de faire la part des choses et qu'il confie celui d'affirmer publiquement les principes de son esthétique du théâtre. Les hasards de la conversation rassemblent et opposent tour à tour des détracteurs et des partisans de la comédie, une précieuse et des marquis, un docte pédant, une femme du monde de bon goût et surtout Dorante, le défenseur attitré de l'auteur.

L'objet de la deuxième conversation est précisément la précieuse, Climène, qui a fait son entrée dans la maison (sc. 2) et c'est Elise qui entre en matière:

> Est-ce qu'il y a une personne qui soit plus
> véritablement qu'elle ce qu'on appelle précieuse, à
> prendre le mot dans sa plus mauvaise signification?

Uranie -
> Elle se défend bien de ce nom pourtant.

Elise -
> Il est vrai: elle se défend du nom, mais non pas de la
> chose: car enfin elle l'est depuis les pieds jusqu'à la
> tête, et la plus façonnière du monde. Il semble que
> tout son corps soit démonté, et que les mouvements
> de ses hanches, de ses épaules et de sa tête n'aillent
> que par ressorts. Elle affecte toujours un ton de voix
> languissant et niais, fait la moue pour montrer une
> petite bouche, et roule les yeux pour les faire paraître
> plus grands.

Elise - quelques lignes plus loin -
> Encore un mot. Je voudrais bien la voir mariée avec
> le marquis dont nous avons parlé: un bel assemblage
> que ce serait d'une précieuse et d'un turlupin!
>
> (Vol. II, sc. 2, p. 115)

La distance est énorme qui sépare Didascalie et Climène. Elle a d'ailleurs été franchie par beaucoup d'autres femmes sans la moindre envergure, qui n'aspiraient qu'à suivre la mode dans ses manifestations les plus superficielles. Par ailleurs, la charge que Molière avait menée avec tant d'entrain dans *Les Précieuses ridicules,* donc trois ans avant *L'Ecole des femmes,* n'était pas oubliée. Le moment était même venu, pour celles qui s'étaient senties visées par la satire du dramaturge, de s'assurer la collaboration de certains auteurs médiocres et ambitieux ou jaloux, et ainsi de passer à la contre-attaque et si possible à la revanche. Le succès de *L'Ecole des femmes* auprès de Leurs Majestés et auquel avait assisté "tant de monde" selon Loret, devait rassembler les détracteurs de tout bord et leur fournir l'occasion de déclencher la venimeuse Querelle qui dura presque deux ans.[5]

Cette polémique nous paraît bien futile en regard du chef-d'œuvre qui en fut l'origine. Toutefois, elle montre bien que Molière courait de gros risques quand il osait—ce qu'il ne cessa jamais de faire—peindre les "véritables" mœurs de son temps, bousculer les idées reçues, en lancer de nouvelles, s'en prendre aux bien pensants et s'attaquer à des structures sacro-saintes. Quand il mettait en cause tout ce qui concernait l'éducation féminine et la pratique du mariage, le dramaturge ne pouvait manquer de se faire des ennemis un peu partout dans les milieux concernés. La Querelle de *L'Ecole des femmes* constitue une phase marquante dans la vie et dans la carrière du Comédien du Roi.

Dans cette querelle venimeuse s'insérait une dispute plus modeste et moins grave, celle de la préciosité et des précieuses. Cette dispute est étroitement liée à la grande querelle; elle l'avait même précédée de plus de deux ans. On s'en souvient: celles qui étaient ou qui se sentaient mises en cause par l'auteur des *Précieuses ridicules,* étaient des femmes et, en particulier les "vicieuses imitations de ce qu'il y a de plus parfait", comme l'avait écrit Molière. Or, que s'était-il passé après le succès de la pièce. La mode avait continué à se répandre, on parlait de plus en plus des précieuses et on continuait même à les imiter. Mais plus on en parlait, moins on savait qui elles étaient, quelles elles étaient réellement et ce à quoi elles aspiraient véritablement. Plus on sondait le mystère des ruelles, moins on en savait avec certitude. Le terme avait pris des significations diverses et équivoques qui s'échelonnaient entre le laudatif et le péjoratif, entre "ce qu'il y a de plus parfait" et ses "vicieuses imitations" ou encore entre la "perle rare" et la perle de verroterie. Les perles fines se dissimulaient aux regards indiscrets à mesure que leurs imitatrices se multipliaient avec ostentation. Le malentendu qui entourait le mouvement précieux allait en s'accroissant et la pièce de Molière n'avait certes pas aidé à lever l'équivoque. Dans l'intervalle, Molière s'était attiré l'hostilité d'un nombre grandissant de femmes.[6]

1662. Comme on l'a souvent souligné, cette date est très importante dans la carrière de Molière. Dans la perspective de cet Essai, elle prend une signification plus haute encore: dans son *Ecole des femmes,* le dramaturge renoue avec la vénérable Querelle des Femmes qui avait déjà divisé beaucoup d'écrivains et de doctes du siècle précédent. Il prenait position et il optait pour la cause des femmes en ce qui concerne leur éducation et la pratique du mariage forcé. Du même coup, il se prononce nettement contre les Anciens et leurs disciples laïques et ecclésiastiques, et pour les Modernes qui se sont enfin mis à relire Descartes et qui en dégagent peu à peu "l'idée de progrès"; il est en faveur du changement qui succédera au réexamen sérieux des idées reçues et des structures ancestrales; il a le sens de la modernité, il est moderniste. Sans avoir à rédiger un manifeste ou à dresser une liste de revendications sociales, Molière pose un acte courageux—et c'est en quelque sorte un acte de foi, un vote de confiance si l'on préfère—car il se rallie à un courant d'idées encore éparses et même disparates, mais qui, un jour encore lointain, finiront par converger et prendront corps dans ce que nous appelons "le féminisme".

Dans cette perspective, quel rôle devons-nous attribuer à la précieuse? Au carrefour de ces courants d'idées importants, vers 1662, quelle part les précieuses ont-elles prise, selon Molière? A ses yeux, une part minime, pensons-nous. Il les avait toujours considérées avec beaucoup de méfiance; il les avait même fustigées. Mais il avait toujours laissé entendre que la pacotille qu'il dénonçait dissimulait de vraies perles. D'autre part, les précieuses elles-mêmes n'avaient rien fait pour le tirer d'embarras; plus elles se multipliaient, plus elles devenaient ridicules et plus les vraies précieuses refusaient de livrer leurs secrets. Comme nous ne le savons que par d'autres auteurs, elles aussi étaient modernistes et souhaitaient l'émancipation du deuxième sexe. Le malentendu subsistait, et Molière avait même contribué au maintien de l'équivoque. Comment donc lever cette équivoque, tout en restant logique? En la transcendant. La leçon de *L'Ecole des Femmes* s'applique aux femmes en général, à la condition féminine dans son ensemble. La liberté de l'une implique cette de l'autre. Il n'est plus question de salons, de cercles, de ruelles, de sectes ou de castes. C'est de la femme qu'il s'agit, en définitive. Molière, courageux, avait élevé le débat d'où avait surgi la Querelle des Femmes; du même coup, le 26 décembre 1662, il portait ce débat sur les tréteaux du Palais-Royal et il mettait en lumière les préoccupations principales dont les vraies précieuses s'obstinaient à parler dans la pénombre et le secret des alcôves.

Dans le reste de sa production théâtrale, Molière continuera à railler les précieuses; d'autre part, certaines héroïnes nous montreront bien qu'elles ont beaucoup appris dans les alcôves du temps. Au demeurant, pour ce qui est de Molière, le débat de la préciosité n'est pas clos, mais il a été transcendé par un acte de foi peu commun sous l'Ancien Régime.

Dans la fantaisie bouffonne du *Mariage forcé* (1664), l'écrivain revient à ses thèmes favoris: l'hymen du barbon et de la jeune coquette, la hantise du cocuage, la liberté des épouses, la question de leurs loisirs et de leurs divertissements.   Cette pièce rapide (dans sa version abrégée et remaniée de 1668) confirme que Molière est conséquent dans sa démarche. Toutefois, la même année, il se penche à nouveau sur les complexités de la psychologie et de l'amour précieux.   D'une part, il y a sur terre d'innombrables couples vraiment mal assortis; d'autre part, il y a Diane, cette déesse mystérieuse, cette femme désirable qui se protège si habilement contre l'agression masculine et qui prodigue ses dédains, ses cruautés, ses refus mitigés ou catégoriques.   C'est bien le mythe de Diane qui se réincarne dans l'héroïne de *La Princesse d'Elide* (1664).   Ici donc, le sérieux et le pathétique reprennent leurs droits sur le comique et le burlesque.   A Aglante et à Cynthie, la Princesse adresse ces reproches cassants:

> . . . ne devez-vous pas rougir d'appuyer une passion qui n'est qu'erreur, que faiblesse et qu'emportement, et dont les désordres ont tant de répugnance avec la gloire de notre sexe?   J'en prétends soutenir l'honneur jusqu'au dernier moment de ma vie, et ne veux point du tout me commettre à ces gens qui font les esclaves auprès de nous, pour devenir un jour nos tyrans. . . ; et je ne puis souffrir qu'une âme qui fait profession d'un peu de fierté ne trouve pas une honte horrible à de telles faiblesses. (vol. II, 1, p. 223)

Madame de Villedieu parlera bientôt des désordres de l'amour, mais ce sera sur un tout autre ton et avec moins d'autorité.

Cette intraitable Diane aurait-elle aussi appris le beau parler des ruelles de Paris, quand elle proteste avec véhémence contre la tyrannie des pères (II, 3) et quand elle proclame "l'aversion naturelle" qu'elle ressent contre le lien conjugal: "Me donner un mari, et me donner la mort, c'est une même chose" (II, 4, p. 225).

La critique actuelle n'a sans doute pas tort de discerner, sous les traits adorables de cette Diane, ceux non moins attrayants de l'Amazone qui conserve sa féminité mais se comporte en femme guerrière et virile.   Comme elle, la Princesse entretient l'opposition ou la guerre des sexes, et même la haine du premier sexe dont elle exerce les pouvoirs avec complaisance:

> Il y a grande différence, et ce qui sied bien à un sexe ne sied pas bien à l'autre.   Il est beau qu'une femme soit insensible, et conserve son cœur exempt des flammes de l'amour; mais ce qui est vertu en elle devient un crime dans un homme; et comme la beauté est le partage de

notre sexe, vous (les hommes) ne sauriez ne nous point aimer, sans nous dérober les hommages qui nous sont dus, et commettre une offense dont nous devons toutes nous ressentir. (III, 4, p. 232)

La galanterie n'avait jamais cédé ses droits, mais le comique doit encore reprendre les siens sur le sérieux et le pathétique; et c'est ce qui ne tarde guère. La fière Diane succombe aux traits de l'amour qu'elle a inspiré et qu'elle a feint de ne pas ressentir. La précieuse avait joué le jeu; elle a trouvé un partenaire qui jouait mieux encore. Et il serait malvenu de se poser la question de savoir comment ce mariage finira...

Plus que les autres pièces critiquées par tous ceux que Molière ne cessait d'égratigner ou de fouetter quand l'occasion se présentait, il en est une qui choqua les bien pensants, émut la cabale des dévots et déclencha une véritable persécution sur son auteur. On connaît suffisamment les circonstances qui entourèrent la représentation de la version originelle du *Tartuffe* en 1664, et l'unique représentation d'une autre version intitulée *L'Imposteur* en 1667, donc bien avant le triomphe définitif de 1669. Des rôles féminins n'avaient-ils pas contribué à la hargne des détracteurs de la pièce? Celui d'Elmire vaut en tout cas qu'on y revienne ici.

Aurait-elle, elle aussi, fréquenté la ruelle? On peut le croire, à l'entendre s'exprimer dans certaines situations scabreuses et quand besoin est.

Dans la première scène de séduction (III, 3), elle est sur la défensive et se révèle stratège de première force; la tactique du langage s'apprend, elle ne s'improvise pas. Elle sait se protéger contre les pulsions sexuelles que le langage de l'agresseur dissimule à peine. C'est dans la deuxième scène de séduction (IV, 5) qu'elle donne toute la mesure de son talent oratoire. Là, en effet, elle joue le rôle double de la femme bien en chair qui sollicite les faveurs de son séducteur hésitant, pour le faire tomber dans le piège qu'elle lui tend et pour le démasquer en présence de son benêt de mari.

Dans cette scène célèbre entre toutes, Elmire oppose à la casuistique pseudo-théologique et aux insinuations du scélérat, les plus habiles procédés de l'éloquence en vigueur dans les romans et dans les milieux précieux: passage graduel du "on" au "nous" et au "je"; manipulation parallèle des possessifs correspondants du "notre/nos" au "mon/mes"; assurance et souplesse dans le maniement du lexique et de la syntaxe, etc.

Mon Dieu, que votre amour en vrai tyran agit,
Et qu'en un trouble étrange il me jette l'esprit!
Que sur les cœurs il prend un furieux empire,

Et qu'avec violence il veut ce qu'il désire!
Quoi! de votre poursuite on ne peut se parer,
Et vous ne donnez pas le temps de respirer?
Sied-il bien de tenir une rigueur si grande,
De vouloir sans tarder les choses qu'on demande,
Et d'abuser ainsi par vos efforts pressants
Du faible que pour vous vous voyez qu'ont les sens?

(vv. 1467-76)

Molière s'est surpassé lui-même, et il a brouillé les cartes avec tant d'habileté que l'épouse d'Orgon parle à la fois comme une précieuse, comme une coquette et comme une prude.[7] Le fait est curieux: le langage précieux que nous trouvons insupportable dans d'autres contextes, devient ici admirable et même légitime! Dira-t-on qu'il se justifie dans cette scène?

A son niveau, Dorine, la suivante de Mariane, a été mise à bonne école, elle aussi; son style soigné se conforme toujours à la tonalité particulière que l'auteur a jugé bon de conférer à ses plus belles scènes dans leur grande variété. Il n'entre pourtant pas dans notre propos de réexaminer dans cet ouvrage le rôle par ailleurs très important de la suivante ou de la soubrette dans les comédies. Ce rôle a été bien étudié et mis en relief par un grand nombre de nos prédécesseurs. Qu'il nous suffise de souligner ici trois des grands mérites de la servante dans l'ensemble de la scène moliéresque. D'origine sociale plus humble, la servante conserve son bon sens et sait le mettre à profit; elle est souvent la première à discerner l'absurdité et l'injustice qui caractérisent des situations et des erreurs de jugement typiquement bourgeoises; elle ose marquer sa désapprobation sans vergogne et elle ne tarde jamais à chercher des moyens pratiques de neutraliser le tyran tout en secourant ses victimes; à son insu presque, elle ouvre des perspectives sur les qualités et les vertus des classes sociales moins favorisées par le sort et elle devient ainsi l'instrument d'une interpénétration efficace des couches sociales et des cultures qu'elles recouvrent. Par sa présence au cœur de la comédie, la servante souligne la nocivité des préjugés sociaux et des idées reçues dans tous les domaines de l'activité humaine.

Dans *Le Tartuffe,* c'est l'art consommé du langage d'Elmire qui fait échec à la casuistique perfide de l'imposteur; c'est le raffinement du langage et des manières d'Elmire qui permet, bien plus que les froids raisonnements de Cléante, de démasquer le fourbe et de démystifier un père dénaturé et ensorcelé par le jargon des bigots. Seule la précieuse avertie et perspicace est capable d'accomplir ce tour de force et de rendre à l'hypocrite la monnaie de sa pièce, tout en préservant son intégrité profonde. Eulalie, déjà, parlait bien; elle savait s'entourer de disciples attentives.

Dom Juan (1665), cette "comédie", comme l'auteur a tenu à la désigner, se situe au cœur même de notre sujet. Une relecture du texte dans l'optique féministe permet, croyons-nous, d'en rassembler les données que le lecteur juge souvent disparates.

D'emblée, Sganarelle présente son maître comme "un épouseur à toutes mains" (Vol. II, I, 1, p. 359); il confirme ce jugement à l'acte suivant quand il décrit Dom Juan comme "l'épouseur du genre humain" (II, 4, p. 378). L'essentiel a été dit et redit; les autres traits de caractère ne sont là que pour étoffer et animer le personnage. Du même coup, voilà donc le mariage érigé en moyen de conquête, en procédé de jouissance et en objet de troc. "Un mariage ne lui coûte rien à contracter; il ne se sert point d'autres pièges pour attraper les belles. . ." (I, 1, p. 359). Satan s'est incarné dans "un grand seigneur méchant homme. . ." et c'est "une terrible chose" (Ibid.). D'entrée de jeu, Dom Juan nous est donc présenté comme un conquérant invincible humainement parlant, ce qui laisse sous-entendre que seule une puissance surhumaine pourrait mettre un terme à son existence et à sa raison d'être. Les jeux sont faits, dès l'abord.

Elvire au couvent est la proie idéale, car elle incarne cette puissance supérieure à laquelle Dom Juan ne croit pas, jusqu'à preuve du contraire, mais qu'il défiera en combat—qu'il défiera d'exister.

Elvire est plus désirable que d'autres femmes parce qu'elle fait obstacle, parce qu'elle est l'obstacle dans lequel le Dieu qu'il défie d'exister s'est incarné en l'occurrence. Son erreur—et qui la lui reprochera?—consiste à ne pas avoir pressenti ou décelé cette dimension métaphysique (satanique, si l'on préfère) du séducteur absolu. C'est en effet dans la morale religieuse traditionnelle que s'ancrent les principes d'Elvire; c'est en vain qu'elle s'efforce de reconvertir l'apostat. Dire d'Elvire qu'elle se cherche peut-être en tâtonnant une éthique nouvelle qui transcende même la rémission des péchés, ce serait faire mentir la victime et ses déclarations univoques. Elle est mystique, mais elle n'est que cela. Elle n'aspire, en dernière analyse, qu'à se sacrifier pour le salut ultime de son bourreau et, s'il se peut, pour servir d'exemple auprès de toutes les autres femmes. Mystique, elle accède à l'extase: "Le Ciel a banni de mon âme toutes ces insignes ardeurs". . "tous ces transports tumultueux" et "tous ces honteux emportements d'un amour terrestre et grossier"; ce qui subsiste en elle, c'est "une flamme épurée de tout le commerce des sens, une tendresse toute sainte, un amour détaché de tout, qui n'agit point pour soi. . ." (IV, 7, p. 398). Après les soupirs de la sainte, ce n'est pas le silence qui s'établira: ce sont les ricanements du polygame téméraire qui se répercuteront à l'infini dans les corridors de son harem.

Dans Dom Juan, le sacrement du mariage est célébré par le sacrifice d'une sainte et profané par le triomphe d'un mécréant iconoclaste. Service divin, aux yeux de la victime; rituel absurde mais utile, aux yeux du bourreau cynique. Deux Absolus irréconciliables se sont confrontés dans une Sicile fictive et sur les planches du Palais-Royal. On sait ce que La Statue en a pensé; qui sait ce que les précieuses en pensaient et en disaient?

A nos yeux, cette comédie hallucinante figure un patriarcat malade et à l'article de la mort. En fonction des lois, des structures et des usages traditionnels, l'union de l'homme et de la femme doit être sanctionnée par les représentants des Autorités civiles et/ou religieuses. Toute autre forme d'union est répréhensible, interdite et intolérable. Seul l'homme est vraiment à même de tricher dans son "pèlerinage" d'épouse en épouse. Pour lui, l'hymen est le meilleur moyen *licite* de violer une femme après l'autre. Le mariage est donc utilisé par Dom Juan comme une entreprise commerciale de viol autorisé. Les libertins les plus audacieux ont de la peine à suivre le rebelle dans sa démarche; ils sont réduits à conjecturer sur ses buts ultimes. Qu'il soit rebelle et iconoclaste, on le lui accorde; mais que se propose-t-il de substituer à l'ordre ancien pourri? Hormis l'assouvissement de son désir propre, a-t-il formulé un projet social quelconque qui engage deux êtres humains, un groupe social, une communauté ou une collectivité? Il n'a rien dit à ce sujet. L'aumône au pauvre qui le défiait, il la lui fait par défi, pour l'amour d'une humanité à laquelle il a cessé de croire. La vénérable chevalerie a fait son temps; le défi même a perdu sa signification. Dom Juan serait-il par excellence le chevalier nostalgique, errant et désœuvré, mais qui aspire encore vaguement à la résurgence de l'ordre ancien? Qui sait?

Dans l'intervalle, Dom Juan est un chevalier sans cause qui brûle les étapes et s'épuise dans la quête d'un Absolu indéfinissable, dont il est à lui seul et tout à la fois l'alpha et l'oméga, l'énigme et la clef.

Le patriarcat, dans ses composantes les plus nobles, a dégénéré; il est pourri. L'édifice du pouvoir patriarcal est menacé de toutes parts, de l'intérieur surtout. Il avait procréé des fils susceptibles de le renouveler et de le régénérer. Le Dom Juan de Molière n'était pas fait pour rasséréner les mânes ancestrales errantes de l'Ancien Régime.

Après le troublant épisode du *Festin de Pierre, L'Amour médecin* nous plonge de nouveau dans l'ambiance autrement rassurante de la farce. Sganarelle, ce Pygmalion désormais attitré par l'expérience, aurait-il aussi été anobli par le créateur de la pièce? On pourrait le croire quand, dès son entrée en scène, le veuf exhibe à la fois son mal et son remède:

> Cette perte m'est très sensible, et je ne puis m'en ressouvenir sans pleurer. Je n'étais pas fort satisfait de sa conduite et nous avions le plus souvent dispute ensemble; mais enfin la mort rajuste toutes choses. Elle est morte; je la pleure. Si elle était en vie, nous nous querellerions. (Vol. II, I, 1, p. 420)

Vite consolé, Pygmalion ne s'est pas assagi: il reporte sur sa fille unique, Lucinde, le complexe qui le ronge. Celle-ci se résignerait à son triste sort, si Lisette, sa suivante, n'osait rétorquer: ". . . on peut se libérer un peu de la tyrannie d'un père. Que prétend-il que vous fassiez? N'êtes-vous pas en âge d'être mariée? et croit-il que vous soyez de marbre?" (I, 4, p. 424).

On connaît l'issue de cette courte comédie-ballet dont l'intrigue est menée avec entrain et où Sganarelle préfigure l'Argan du *Malade imaginaire*. On savait qu'il était complexé; savait-on qu'il était misogyne?

Et c'est précisément dans *Le Misanthrope* (1666) que le mythe grec resurgira sur la scène de Molière pour y atteindre son point culminant. On connaît parfaitement les données du chef-d'œuvre, et nous n'y reviendrons que dans la mesure où elles nous permettront de souligner ou de préciser certains aspects significatifs du rôle joué par Célimène.

La scène est à Paris dans l'appartement de la jeune veuve. C'est dans la haute société que celle-ci évolue, même s'il lui arrive d'accueillir à l'occasion des intrus d'extraction douteuse mais qui sont à la mode. Comme on le sait, dans le salon, les rôles de l'homme et de la femme sont intervertis: c'est la femme qui gouverne, reçoit, tolère ou congédie les visiteurs à sa guise. Il est manifeste que cette jeune femme est émancipée au plus haut degré, qu'elle est vraiment chez elle dans ce salon où elle est reine, et qu'elle a besoin d'une compagnie mixte. Intelligente, vive et souple dans ses attitudes, elle est satisfaite, sans être nécessairement heureuse. Nous ne savons rien du mari défunt, mais il ne l'a pas laissée dans l'indigence et nous pouvons imaginer que la liberté lui sourit. Au contraire de la jeune

veuve du Fabuliste, qui finit par accepter le remplaçant bien fait que son
père lui propose, Célimène montre bien qu'elle se comporte avec
circonspection envers Alceste à qui il tarde de l'épouser. On comprend vite
pourquoi Célimène ne cesse de retarder la décision ultime. Elle jouit de sa
liberté, et elle n'a cure de se donner corps et âme au statuaire aux rubans
verts, impatient de parachever son chef-d'œuvre:

> Ah! rien n'est comparable à mon amour extrême;
> Et dans l'ardeur qu'il a de se montrer à tous,
> Il va jusqu'à former des souhaits contre vous.
> Oui, je voudrais qu'aucun ne vous trouvât aimable,
> Que vous fussiez réduite en un sort misérable,
> Que le Ciel, en naissant, ne vous eût donné rien,
> Que vous n'eussiez ni rang, ni naissance, ni bien,
> Afin que de mon cœur l'éclatant sacrifice
> Vous pût d'un pareil sort réparer l'injustice,
> Et que j'eusse la joie et la gloire, en ce jour,
> De vous voir tenir tout des mains de mon amour.
>   (Vol. III, IV, 4, vv. 1422-32)

N'en déplaise à Jean-Jacques, cet homme est fou; il est absurde. La
réaction immédiate de Galatée à la tirade de son Pygmalion essoufflé, est
superbe dans sa concision: "C'est me vouloir du bien d'une étrange
manière!" (v. 1433) Célimène a compris. Elle refusera d'être la "créature"
du Maître. Tout le reste est littérature, sans plus. . . Il ne lui reste qu'à
formuler en termes moins ambigus le mot du dénouement qui lui brûle les
lèvres: Non.

Avons-nous favorisé Célimène au détriment d'Alceste? C'est plus
souvent l'inverse qui se produit depuis que le promeneur solitaire a si
habilement brouillé les cartes. Bien sûr, Célimène n'est pas une sainte; elle
a ses défauts, dont certains sont même inquiétants; mais elle les connaît; elle
les reconnaît même ouvertement. Elle a l'art de mettre en œuvre des
moyens superbes, pour atteindre un but qui, sans être ignoble, peut paraître
médiocre. A l'opposé, Alceste, le plus contradictoire et le plus contrariant
des amants, ne peut mettre au service de son noble idéal que des moyens
médiocres, absurdes ou ridicules. Un mariage conclu dans ces conditions
est inconcevable. Et c'est Galatée qui le signifie à son créateur.

Dans la farce rapide du *Médecin malgré lui* (1666), nous nous
retrouvons chez les paysans de France où les couples mal assortis ne

manquent pas plus qu'ailleurs dans la société. On se querelle, on se réconcilie, parce qu'il le faut bien, et l'ordre se rétablit. Mais c'est l'ordre ancien. Où donc l'ordre nouveau se cache-t-il? Chez les plus jeunes, on le présume. Léandre épousera donc sa Lucinde.

Quelques mois plus tard, la même année, c'est aux agréables jeux de l'amour et du hasard que Louis tiendra à assister, dans *Mélicerte,* une pièce destinée à animer ses fêtes.

Cette comédie pastorale héroïque inachevée fut sans doute inspirée du *Grand Cyrus* de Madeleine de Scudéry; elle nous plonge à nouveau dans l'atmosphère du Forez de d'Urfé. Cependant, ici soudain l'éclairage change de manière assez inattendue: c'est surtout le fils qui a à souffrir de la tyrannie paternelle et se rebelle, comme dans *Les Fourberies de Scapin.* Quant à la fille, elle s'émancipe grâce aux conseils salutaires d'une mère sage et exemplaire que la mort lui ravit d'ailleurs trop tôt.

La farouche guerre des sexes se retrouve dans l'atmosphère moins raréfiée et moins fantaisiste de la pastorale comique *Le Sicilien ou l'amour peintre* (1667). Personnages terre à terre, pour les hommes tout est simple: les pauvres amants sans cesse rebutés adorent des inhumaines et des tigresses! Parmi les femmes, Isidore se distingue de ses consœurs par sa sagesse plus raffinée et plus franchement mercenaire; elle est esclave. Sa condition d'esclave l'autorise même à mettre sur le même pied les fers de la servitude et le joug du mariage. Toute la stratégie des femmes n'a d'autre but que de leur permettre d'éviter, si c'est possible, toute espèce d'asservissement. *Le Sicilien* n'est qu'une œuvrette oubliée. Nous y avons perçu les accents d'amertume et de haine qui infléchissent l'apparente résignation de l'esclave. On peut même aller jusqu'à penser qu'Isidore a l'étoffe d'une rebelle, quand elle avertit son maître en ces termes: "Mais les femmes enfin n'aiment pas qu'on les gêne; et c'est beaucoup risquer que de leur montrer des soupçons et de les tenir renfermées. . ." (sc. 6, p. 179). Que les hommes se le tiennent pour dit: cette sourde colère contient des menaces.

Amphitryon (1667) nous intéresse bien davantage: il répond de manière très évasive à une question constamment débattue dans la ruelle, à savoir s'il faut vraiment séparer et ne jamais confondre la fonction du mari et le rôle de l'amant; à la limite, le même homme peut-il être les deux à la fois? Dom Juan avait déjà su exploiter cette distinction fondamentale, à ses propres fins, bien entendu: il épousait la femme pour la posséder sans conteste, assouvir sur elle ses désirs d'amant et l'abandonner ensuite sans autre forme de procès pour en piéger une autre. Or, ici, c'est le Maître des dieux et des hommes—Jupiter en personne—qui séduit une honnête épouse, sous les traits de son mari, et exige d'elle qu'elle ne voie en Sa Majesté que l'amant ou le séducteur. Le cynisme a ses raffinements propres; peut-être même Dom Juan n'était-il qu'un vulgaire apprenti somme toute très maladroit!

Beaucoup de mondaines du XVIIᵉ siècle distinguaient inexorablement le mari de l'amant; mais Alcmène n'est pas de leur nombre: elle est la plus fidèle des épouses et elle aime ce mari dont elle se sait aimée. Pour elle, cette dichotomie mondaine ne signifie rien; elle n'en a probablement même jamais entendu parler autour d'elle. . . Pour Jupiter, par contre, cette dichotomie est fondamentale. Pour réussir dans sa tentative de séduction, il a dû prendre forme humaine et se déguiser sous les traits d'Amphitryon. Quand il fait son apparition dans le lit d'Alcmène, celui qu'elle croit revoir soudain, c'est bien sûr son cher mari absent et l'amant attentif qu'il est resté pour elle tout au long d'une vie conjugale exemplaire.

La gêne de Jupin se manifeste clairement dans la casuistique galante à laquelle il doit avoir recours:

> En moi, belle et charmante Alcmène,
> Vous voyez un mari, vous voyez un amant;
> Mais l'amant seul me touche, à parler franchement,
> Et je sens, près de vous, que le mari le gêne.
> Cet amant, de vous vœux jaloux au dernier point,
> Souhaite qu'à lui seul votre cœur s'abandonne,
> Et sa passion ne veut point
> Ce que le mari lui donne.
> Il veut de pure source obtenir vos ardeurs,
> Et ne veut tenir des nœuds de l'hyménée,
> Rien d'un fâcheux devoir qui fait agir les cœurs,
> Et par qui, tous les jours, des plus chères faveurs
> La douceur est empoisonnée.
> (Vol. III, I, 3, vv. 589-601)

Quand elle se rendra compte qu'elle a été victime d'une sinistre supercherie qui a fait d'elle une femme adultère à son insu, Alcmène ne manquera pas d'exprimer son profond dégoût à l'adresse du scélérat, du Maître des dieux et des hommes, de Louis le tout-puissant. . . comme on l'a dit à l'époque et colporté depuis!

Le couple des domestiques, Sosie-Cléanthis, fait pendant à celui des maîtres. Mais à ce niveau, les choses se passent de façon plus réaliste. Sosie n'y va pas par quatre chemins: "Quinze ans de mariage épuisent les paroles,/ Et depuis un long temps nous nous sommes tout dit" (I, 4, vv. 640-43). Quelques vers plus loin, l'honnête et pudique Cléanthis plaidera elle aussi la cause des épouses fidèles quand l'ironie lui inspirera ce beau quatrain:

> Il te faudrait des cœurs pleins de fausses tendresses,
> De ces femmes aux beaux et louables talents,
> Qui savent accabler leurs maris de caresses,
> Pour leur faire avaler l'usage des galants!
> (I, 4, vv. 669-72)

La galanterie n'est pas toujours justifiable; elle peut même être tenue en échec. Toutefois, que faire pour ne pas y succomber quand le séducteur est le Maître des Dieux? Lui seul a le droit de tirer la leçon de la pièce:

> Un partage avec Jupiter
> N'a rien du tout qui déshonore;
> . . . .
> Et c'est moi dans cette aventure,
> Qui, tout Dieu que je suis, dois être le jaloux.
> Alcmène est toute à toi, quelque soin qu'on emploie;
> Et ce doit à tes feux être un objet bien doux
> De voir que pour lui plaire il n'est point d'autre voie
> Que de paraître son époux. . .
> (III, 10, vv. 1898-1908)

Amphitryon-Alcmène: ce couple est d'autant plus admirable qu'il est exceptionnel—comme les circonstances annonçant la naissance d'un fils de Jupiter qui sera nommé Hercule. . . Mieux vaut donc parler d'autre chose! L'occasion se présente de parler de nouveau des plus communes mésalliances contractées par les familles appauvries et désireuses de redorer leur blason. . .

Dans *George Dandin ou le mari confondu* (1668), comme dans la plupart des cas dans ce bas monde, la femme a dû épouser celui que ses parents lui destinaient; dans ce cas particulier, elle est leur complice, et elle exploite les circonstances pour secouer le joug marital sans oser se libérer de la servitude parentale. Elle est de mauvaise foi et elle pense confusément.

Son bon sens lui permet cependant de souscrire aux revendications légitimes de ses consœurs:

> Car pour moi, je vous déclare que mon dessein n'est pas de renoncer au monde, et de m'enterrer toute vive dans un mari. Comment? parce qu'un homme s'avise de nous épouser, il faut d'abord que toutes choses soient finies pour nous, et que nous rompions tout commerce avec les vivants? C'est une chose merveilleuse que cette tyrannie de Messieurs les maris. . . .
>
> . . . .
>
> Moi? Je ne vous l'ai point donnée (la foi) de bon cœur, et vous me l'avez arrachée. M'avez-vous, avant le mariage, demandé mon consentement, et si je voulais bien de vous? Vous n'avez consulté, pour cela, que mon père et ma mère; et ce sont eux proprement qui vous ont épousé. . .   (Vol. III, II, 2, pp. 295-96)

Incapable de pardonner au mari, Angélique hésite pourtant â se séparer de lui. Elle sait parfaitement qu'une séparation des corps et des biens est le seul remède efficace, mais l'objection de Monsieur de Sotenville est de poids: "Ma fille, de semblables séparations ne se font point sans grand scandale, et vous devez vous montrer plus sage que lui, et patienter encore cette fois" (III, 7, p. 315). Et que peut faire la mal mariée quand son propre père exerce encore sur elle sa "puissance absolue". . . ?

C'est autour du mariage arrangé que se déroule aussi l'intrigue de *L'Avare* (1668). En contrepoint de la passion dominante d'Harpagon s'exprime un fanatique despotisme paternel qui s'exerce sur deux victimes, Elise et Marianne, menacées d'un même destin:

> Ah! mon père, prenez des sentiments un peu plus humains, je vous prie, et n'allez point pousser les choses dans les dernières violences du pouvoir paternel.   (Vol. III, I, 4, p. 382)

Les protestations oratoires et didactiques de *L'Astrée* et de *La Pretieuse* se font singulièrement pressantes et émouvantes sur la scène moliéresque.

Les variations sur le thème traditionnel se reproduisent dans le registre de la farce dans *Monsieur de Pourceaugnac,* comédie-ballet de 1669. Oronte, père autoritaire et mercenaire, a enjoint à sa fille l'ordre de devenir Madame de Pourceaugnac. Comme d'autres filles-objets d'échange Julie s'en remet évidemment à des tiers grâce auxquels elle pourra évincer le soupirant bouffon et épouser le jeune homme qu'elle aime. Malgré les variantes, la constante se vérifie et se confirme: c'est bien du sinistre trafic de la traite des filles qu'il s'agit dans les classes appauvries ou moins privilégiées.

Si le père indigne est inguérissable, la mère digne est cependant toujours prête à intervenir et à jouer un rôle bienfaisant, si l'auteur et les fils de son intrigue l'exigent. C'est le cas dans *Les Amants magnifiques* (1670) où l'absence du père a permis à la mère de diriger les affaires de la famille. Eriphile est involontairement l'objet d'une rivalité dangereuse: future récompense du vainqueur, elle a le rare privilège de pouvoir ouvrir son cœur sans réserves à sa mère:

> Parlez à cœur ouvert, ma fille: ce que j'ai fait pour vous mérite bien que vous usiez avec moi de franchise. Tourner vers vous toutes mes pensées, vous préférer à toutes choses, et fermer l'oreille, en l'état où je suis, à toutes les propositions que cent princesses écouteraient avec bienséance, tout cela vous doit assez persuader que je suis une bonne mère, et que je ne suis pas pour recevoir avec sévérité les ouvertures que vous pourriez me faire de votre cœur. (Vol. IV, IV, 1, p. 53)

Eriphile ira donc droit au but.

Le contraste est si marqué qu'on ose à peine y croire. Du milieu abject des praticiens de la traite des filles, on se trouve plongé, sans transition, dans l'ambiance réconfortante d'un foyer que la mère irradie en l'absence de son époux. . . Comme plus tard, dans *Mélicerte,* on se croirait au pays des merveilles. Elle, du moins, sait tenir le gouvernail. Elle n'hésitera pas à plaider la cause d'Eriphile contre Iphicrate, le plus agressif des deux rivaux, qui s'est cru obligé d'avoir recours au jargon de la galanterie pour demander élégamment la main de la princesse:

> Mon Dieu! Prince, je ne donne point dans tous ces galimatias où donnent la plupart des femmes; je veux être mère, parce que je la suis, et ce serait en vain que je ne la voudrais pas être. Ce titre n'a rien qui me choque, puisque, de mon consentement, je me suis exposée à le recevoir. C'est un faible de notre sexe, dont, grâce au Ciel, je suis exempte; et je ne m'embarrasse point de ces grandes disputes d'âge, sur quoi nous voyons tant de folles. (I, 2, p. 31)

On parle encore le langage de la galanterie, mais elle est de bon ton et elle servira sortout à deviner les feintes et les ruses des hommes. Le solide bon sens, la fidélité dans l'accomplissement du devoir et un fin sens de l'humour garantissent un dénouement heureux. Toutefois, ce ne sera pas celui qu'on attendait: renonçant volontiers à ses Princes précieux, Eriphile épousera un soupirant plus modeste et effacé mais moins cauteleux. Elle choisira Sostrate, général d'armée. Aurait-elle formé le vœu secret de régénérer les dynasties tarées en y introduisant des hommes d'action plus virils et moins verbeux? Le mélange des classes sociales ne semble nullement la préoccuper, pas plus que sa mère en tout cas. Ce fait est assez remarquable, en soi.

Sept mois après *Les Amants magnifiques,* Molière faisait représenter une autre comédie-ballet du genre bouffon, *Le Bourgeois gentilhomme* (1670). Le père inculte et tyrannique y reprend la place qui lui revient sur la scène moliéresque. . .

Le fait vaut d'être signalé: du 1668 à 1670, le dramaturge s'est intéressé particulièrement au type du parvenu et aux problèmes que posait l'interpénétration accrue des classes sociales dans la nation.[8]

Un autre facteur mérite notre attention: l'Orient. On nous l'a tant redit que nous le savons par cœur: les Turcs sont à l'ordre du jour de la politique royale; ils sont donc à la mode, comme *Le Bourgeois gentilhomme* l'atteste et comme le *Bajazet* de Racine le confirmera en 1672. Plus que le fait politique, le fait culturel mène à réflexion. En effet, deux cultures diamétralement opposées s'affrontent par le truchement de ces pièces: l'Orient et l'Occident. Le public français n'hésite même pas à dépolitiser cet événement et à le romantiser. Ce public friand de spectacles est épris d'exotisme, de couleur locale et de trompe-l'œil. Les sultans, les viziers, les janissaires, les despotes et surtout leurs esclaves et leurs concubines, toute cette nouvelle galerie de portraits insolites excite l'imagination des Français et d'autres Européens de l'époque. Certains hommes s'y intéressent même beaucoup, et beaucoup de femmes ne s'en désintéressent pas, et pour cause... Le harem, en particulier, avec son atmosphère mystérieuse, trouble, voire inquiétante, chatouille ou réveille des instincts masculins somnolents. Le fait culturel indéniable est que l'Orient est polygame et que l'Occident ne l'est pas, mais alors pas du tout! Bref, l'actualité politique et l'art français convergent pour rappeler avec une certaine insistance aux citoyens et aux citoyennes de l'Europe bien pensante que d'autres régimes et d'autres climats autorisent des pratiques que la France interdit formellement.

Monsieur Jourdain, à la poursuite de Dorimène n'ira-t-il pas jusqu'à oublier qu'il est le conjoint de Madame Jourdain? Quant à elle, Madame Jourdain se garde bien d'oublier qui elle est et ce qu'elle représente aux yeux de la nation et à ceux des autres femmes de France: "Je me moque de cela. Ce sont mes droits que je défends, et j'aurai pour moi toutes les femmes" (Vol. IV, IV, 2, p. 121). Et elle n'aura plus qu'à claquer la porte au nez de celui qui "festine" les dames en son absence, leur donne la musique et la comédie, tandis qu'il envoie "promener" son épouse (Ibid., p. 120). Sont-ce déjà les parfums d'Orient qui l'étourdissent, avant même de lui tourner la tête dans la cérémonie turque qui doit l'ennoblir à la fin du quatrième acte? Il y a belle lurette que les Jourdain n'ont plus rien à se dire, mais Madame, elle, sait parfaitement ce qui se passe dans la maison.

Elle désapprouve le mari que son mari destine à sa fille; elle ne veut pas d'un gendre gentilhomme. Elle rappelle au parvenu que les "alliances avec plus grand que soi sont sujettes toujours à de fâcheux inconvénients"; elle se voit grand-mère avec des petits qui n'auront pas honte de l'appeler "grand-maman". Bref, elle sait qu'elle a raison et elle saisit toutes les occasions pour l'affirmer à qui veut bien l'entendre.

Dorimène ne laisse pas d'intriguer le spectateur; son rôle est ambigu. D'une part, elle vit dans l'insécurité financière qui est le lot de beaucoup de jeunes veuves; elle se cherche un parti avantageux; d'autre part, elle est circonspecte, car elle ne veut pas d'un homme qui la tyrannise une fois le mariage conclu. Elle n'oublie pas sa réputation propre. En attendant, elle joue le jeu, exploite le parvenu et se révèle capable de tricher quand il le faut. Est-elle hypocrite quand elle affirme à Dorante:

> Les visites fréquentes ont commencé, les déclarations sont venues ensuite, qui après elles ont traîné les sérénades et les cadeaux, que les présents ont suivis. Je me suis opposée à tout cela, mais vous ne vous rebutez point, et, pied à pied, vous gagnez mes résolutions. Pour moi, je ne puis plus répondre de rien, et je crois qu'à la fin vous me ferez venir au mariage, dont je me suis tant éloignée. (III, 15, p. 115)

Est-elle hypocrite? Ne se sent-elle pas plutôt vulnérable? Elle croit que Dorante est riche, mais elle sait que "les deux plus raisonnables personnes du monde ont souvent peine à composer une union dont ils soient satisfaits" (Ibid.).

Le comportement de Dorimène est équivoque; celui de Monsieur Jourdain l'est tout autant, sinon davantage. A en juger par la comédie et la

conduite du bouffon qui en est le pivot, l'homme serait-il polygame par
instinct et la femme serait-elle monogame par nécessité et par sens profond
des responsabilités familiales? Beaucoup d'anthropologues et de psychologues le maintiennent, et la comédie-ballet du *Bourgeois gentilhomme* nous
inclinerait à penser qu'il en est ainsi. . . Quant à l'épouseur du genre
humain, sa mort providentielle aux mains de la Statue lui a permis de ne pas
tomber dans celles de la Justice humaine.

    Psyché (1671) est une tragédie-ballet fort sujette à caution étant
donné le fait que trois dramaturges y ont collaboré. Parmi les scènes
attribuées à notre auteur, il en est où les deux sœurs de Psyché expriment la
nostalgie d'un passé glorieux pour les femmes et amèrement regretté:

> Aglaure-Notre gloire n'est plus aujourd'hui conservée,
>   Et l'on n'est plus au temps de ces nobles fiertés,
>   Qui, par un digne essai d'illustres cruautés
>   Voulaient voir d'un amant la constance éprouvée.
>   De tout ce noble orgueil qui nous seyait si bien,
>   On est bien descendu dans la siècle où nous sommes,
>   Et l'on en est réduite à n'espérer plus rien,
>   A moins que l'on se jette à la tête des hommes.
>   (Vol. IV, I, 2, vv. 280-87)

    Cidippe, la deuxième sœur abonde dans ce sens, mais, plus réaliste
que la première, elle est plus encline à pactiser avec les mœurs du temps
pour sauver de cet honneur ce qui peut encore l'être:

> Oui, voilà le secret de l'affaire, et je vois
> Que vous le prenez mieux que moi.
> C'est pour nous attacher à trop de bienséance
> Qu'aucun amant, ma sœur, à vous ne veut venir,
> Et nous voulons trop soutenir
> L'honneur de notre sexe et de notre naissance.
> Les hommes maintenant aiment ce qui leur rit;
> L'espoir, plus que l'amour, est ce qui les attire,
> Et c'est par là que Psyché nous ravit
> Tous les amants qu'on voit sous son empire.
> Suivons, suivons l'exemple, ajustons-nous au temps,
> Abaissons-nous, ma sœur, à faire des avances,
> Et ne ménageons plus de tristes bienséances
> Qui nous ôtent les fruits des plus beaux de nos ans. (I, 2, vv. 288-301)

L'agressivité de Cidippe fait pendant à la sombre résignation de sa sœur. Jalousies de sœurs plus âgées à l'égard de Psyché? Peur du vieillissement? Insuccès blessants auprès des galants? Déceptions trop nombreuses? Sans doute. Mais toutes deux sont d'accord pour évoquer le souvenir d'une époque révolue comme celle des chevaliers héroïques qui servaient la Dame qu'ils avaient mise sur son piédestal. Les romans de la première moitié du XVIIe siècle ne manquaient pas de femmes dont la nature et la fonction consistaient à inspirer l'amour sans y succomber à leur tour. Les précieuses ne faisaient pas exception.

Ici, pourtant, loin du Paradis Perdu, la femme se retrouve comme dépourvue, désorientée par les changements survenus dans le comportement des hommes. Elle regrette le passé mais elle n'est pas proche du Paradis Nouveau annoncé par Didascalie. Aglaure se borne à constater que son autorité sur les hommes lui a été ravie; Cidippe envisage des moyens assez inattendus de regagner cette autorité perdue. Imitons Psyché! Que fait donc Psyché pour attirer et attacher ses nombreux amants? S'abaisse-t-elle? leur fait-elle des avances? oublie-t-elle les bienséances? se donne-t-elle en spectacle pour divertir les hommes et les faire rire? se prostitue-t-elle? Il n'en est nullement question. Dans la mesure où nous pouvons le conjecturer, la "vedette" de cette troika est une héroïne tragique. L'Amour et Zéphire lui ont prédit un avenir glorieux, divin et fantastique. Elle nous fait pénétrer dans un monde de rêve, un pays des merveilles, un univers de perfection imaginaire où nous avons peine à la suivre. Or, le véritable destin de Psyché—cette jeune femme apparemment bénie entre toutes les jeunes femmes—"commence" au Royaume des Ombres. Elle a été, à son insu, la rivale de Vénus, la Déesse cruelle et impitoyable. C'est L'Amour, le fils de Vénus, qui doit implorer sa mère de pardonner à Psyché et de la ressusciter. Seul Jupiter peut mettre fin à la dispute de la mère et du fils; et c'est évidemment en faveur du fils qu'il se prononce, pour couronner Psyché et la "diviniser" à son tour. Le Roi et son entourage avaient l'art d'apprécier ce spectacle hybride qui ne répond à aucune des graves questions qu'il a posées, ici et là, tout en allant. Quant à nous, entre l'Illusion Divine et le Paradis Perdu d'Aglaure, nous préférons nous en tenir aux constats d'impuissance des deux sœurs de Psyché; elles, au moins, avaient encore les pieds sur la terre. Si elles sont si désemparées, c'est sans doute parce qu'elles ont cessé de comprendre les hommes, leurs codes et leurs caprices. Naguère, ils faisaient d'elles des déesses; à présent, ils attendent d'elles qu'elles soient leurs compagnes de plaisir. Entre le

Panthéon où Jupiter intronise la nymphe de ses désirs et le bouge où son sosie ravale la fille de joie, il doit bien exister un endroit de refuge où la femme tout court puisse faire le point et se réorienter. La femme a-t-elle tort de se plaindre? L'homme n'a jamais cessé de lui rappeler qu'elle incarne l'inconstance et qu'elle est volage et capricieuse. Son tour est venu d'apprendre à l'homme qu'il est de la même trempe.

Dans *Les Fourberies de Scapin* (1671), ce sont les pères et les fils qui s'affrontent dans une lutte sournoise dont l'issue devient de moins en moins douteuse. La loi salique qui régit le patriarcat a déjà été mise sérieusement en question par les épouses et par les filles; qu'arriverait-il donc si les fils eux-mêmes y trouvaient à redire?

Aux yeux du père, l'enjeu est l'héritage et par conséquent la transmission du pouvoir paternel dans les mains de celui qui, seul, est digne de le recevoir pour le léguer ensuite dans les mêmes conditions; aux yeux du fils, l'enjeu est la femme et le bonheur qu'elle évoque: la chasse au bonheur. La différence d'âge explique en partie cette divergence d'intérêts, mais elle ne rend pas compte de la gravité du conflit des générations. Les mentalités ont changé, dans la bourgeoisie surtout. L'argent durement acquis par le père est d'ores et déjà considéré comme acquis sans effort par le fils aîné; le cadet n'aura qu'à se débrouiller. La dot n'a de valeur pour le père que dans la mesure où elle permet à la fille de faire un "beau mariage" qui lui permet de se débarrasser d'un fardeau et qui accroît peut-être son prestige à lui. Une génération mercenaire est suivie d'une génération insouciante, plus libre, plus libérale vis-à-vis de l'ordre ancien. Les fils, à l'instar des filles, essayeraient-ils eux aussi de se libérer d'un joug qui leur pèse?

Octave, fils d'Argante et amant de Hyacinthe, a fait le pas que nulle fille n'aurait osé franchir: il s'est marié en secret sans le consentement de son père qui le déshérite évidemment comme par réflexe. On mesure sans peine le poids du préjugé social qui fait dire à ce père: "Ah! pourquoi faut-il qu'il soit fils unique! et que n'ai-je à cette heure la fille que le Ciel m'a ôtée, pour la faire mon héritière!" (Vol. IV, I, 4, p. 234)

Il y a plus. Octave a épousé Hyacinthe, une jeune fille pauvre et de naissance inconnue. Sensible, Octave lui a offert son cœur, sa bourse et la liberté. Le scandale est double; il est intolérable! Scapin, qui s'est fait l'avocat d'Octave et de Léandre, plaide la cause des jeunes exaltés auprès des patriarches sclérosés:

Voulez-vous qu'il soit aussi sage que vous? Les jeunes gens sont jeunes, et n'ont pas toute la prudence qu'il leur faudrait pour ne rien faire que de raisonnable: témoin notre Léandre qui, malgré toutes mes leçons, malgré toutes mes remontrances, est allé faire de son côté pis encore que votre fils. Je voudrais bien savoir si vous-même n'avez pas été jeune et n'avez pas, dans votre temps, fait des fredaines comme les autres. J'ai ouï dire, moi, que vous avez été autrefois un compagnon parmi les femmes, que vous faisiez de votre drôle avec les plus galantes de ce temps-là, et que vous n'en approchiez point que vous ne poussassiez à bout. (Ibid., p. 232-33)

En définitive, la lutte est sournoise, mais même le fils aîné est encore soumis à l'autorité paternelle et n'a pas les coudées franches; sans l'aide de Scapin et l'intervention du hasard qu'aurait-il fait? Tout ce qu'il a cru devoir faire par lui-même, c'est de suivre son inclination en dupant son père. Duper le père, n'est-ce pas la façon la plus indirecte de renforcer les préjugés sociaux d'usage courant et les traditions vacillantes? Octave n'avait certes pas l'étoffe d'un idéaliste enclin à la rébellion ouverte; en réalité, il s'est dupé lui-même. Dans cette farce géniale, la ruse est élevée à la puissance du génie. Le rire est de rigueur, mais il sonne faux.

Dans *La Comtesse d'Escarbagnas,* la même année, Molière en revient à sa bête noire: la fausse précieuse provinciale. Cette fois, cependant, il explicite en soulignant la complicité et la duplicité des rimailleurs de pacotille qui trafiquent au détail dans les salons de Paris où la Comtesse est allée s'informer dans les milieux compétents. La préciosité s'est avilie; la belle époque est révolue: du jeu sérieux de la ruelle, il ne subsiste que les grimaces des imitatrices et les facéties de leurs serviteurs obséquieux.

La préciosité s'est avilie, mais elle a mené beaucoup de femmes à prendre conscience des vicissitudes de leur condition, à désirer s'instruire—comme les hommes—et à accéder au savoir qui leur était refusé. Les femmes savantes vont-elles prendre la relève? Vont-elles être autorisées à la prendre? Ces questions sont complexes.

Comme on l'a vu, Molière n'avait pas éludé le problème; il avait même eu l'audace de poser la liberté en principe de toute innovation et de tout progrès dans le domaine d'une éducation adéquate et utile, à défaut de se vouloir déjà paritaire. Le dramaturge avait aussi mis en relief les dangers de l'ignorance; et il avait pris soin de mettre en scène un grand nombre de personnages féminins susceptibles de servir d'exemples à celles que l'émancipation culturelle et intellectuelle ne désintéressait pas.

Parmi les personnages féminins des *Femmes savantes* (1672), c'est sans contredit à Henriette que va la faveur du spectateur. Nous la laisserons dans l'ombre temporairement, pour nous tourner vers sa sœur et sa mère. Le fait est capital: si beaucoup de précieuses s'étaient trop souciées de beau langage, de casuistique amoureuse ou de galanterie, les "femmes savantes", elles, éprouvent et expriment un sincère besoin et un vif désir de s'instruire. Elles s'intéressent aux sciences nouvelles—pour elles, surtout—les plus variées, autant qu'à la morale, à la philosophie et aux arts d'agrément. Dans leur zèle de néophytes, elles semblent même se passionner pour les sciences les moins aisément accessibles à la majorité des hommes.

Elles sont donc éprises de savoir; mais cela ne suffit pas. D'emblée et comme dans toutes les grandes comédies de Molière, surgit l'inévitable et importante question des moyens mis en œuvre pour atteindre au but légitime. Le dramaturge n'a jamais cessé de nous rappeler, dans la pratique de son théâtre, que le rire du spectateur prend le plus souvent sa source dans la contradiction qui oppose des moyens médiocres ou inappropriés et un but noble et même admirable en soi. C'est précisément ce que fait l'auteur, ici encore. Laissant aux théoriciens de l'éducation le soin de créer des programmes efficaces, il se limite à mettre en garde contre les solutions hâtives et faciles, et contre celles que les faussaires de l'émancipation colportent de salon en salon en exploitant la crédulité des candidates au savoir.

Clitandre lui-même, muni de son solide bon sens et de sa toute bonne foi, ne mesure pas vraiment les dimensions des divergences qui séparent "son" Henriette et sa sœur. Il simplifie dangereusement les choses quand il déclare qu'il est parfaitement heureux d'aimer Henriette, telle qu'elle est dans son for intérieur, et de se savoir aimé d'elle. Tout comme "précieux" signifiait "affecté—donc, ridicule—aux yeux de beaucoup de contemporains, pour Clitandre, "savant" est synonyme de "pédant"—donc, ridicule. Il est loin d'être le seul à simplifier les gens et les choses qui l'entourent. Cette mise en équivalence est une sorte de réflexe, compréhensible au demeurant, mais qui ne va pas sans compromettre ou même invalider les données du sens commun. Que Clitandre le veuille ou non, ce genre de réflexe, évoque un lourd passé de servitude et d'ignorance dont la femme n'a que trop souffert. "Mon bonheur me suffit, nous suffit, et qu'importe le reste!" est une maxime dont il importe de se méfier, contrairement à Henriette qui voit déjà les choses et les gens comme son futur époux les considère. . . La juste mesure est sans contredit l'antidote de l'excès; d'autre part, cette juste mesure et la médiocrité font parfois bon ménage. . .

Cette "belle" tirade de Clitandre qui CONSENT qu'une femme sache un petit peu de tout, mais pas trop, suffira pour illustrer notre pensée:

> Mon cœur n'a jamais pu, tant il est né sincère,
> Même dans votre cœur flatter leur caractère,
> Et les femmes docteurs ne sont point de mon goût.
> Je consens qu'une femme ait des clartés de tout;
> Mais je ne lui veux point la passion choquante
> De se rendre savante afin d'être savante;
> Et j'aime que souvent, aux questions qu'on fait,
> Elle sache ignorer les choses qu'elle sait;
> De son étude enfin je veux qu'elle se cache,
> Et qu'elle ait du savoir sans vouloir qu'on le sache,
> Sans citer les auteurs, sans dire de grands mots,
> Et clouer de l'exprit à ses moindres propos.
>   (Dixit Clitandrus! Vol. IV, I, 4, vv. 215-26)

C'est péremptoire! On comprend et on admet trop aisément l'immobilisme de Clitandre; et il n'entre pas dans nos intentions de le tourner en ridicule; mais pourquoi donc les femmes devraient-elles continuer à faire en cachette ce qu'elles aspirent ouvertement à faire depuis des siècles. Ces propos de bien pensant en herbe relèguent la femme au foyer et aux travaux domestiques, donc aux désirs d'évasion et par conséquent, comme l'histoire le prouve, à la préciosité, à la ruelle, au salon mondain—disons, au mouvement de libération. Clitandre a de la chance: il a trouvé "sa" femme-objet et Henriette est celle qui répond le mieux à ses prières de Pygmalion sans génie et sans flair.

Le débat qui met aux prises Armande et Clitandre est des plus savoureux; il ne va pas sans rappeler ceux du Corps et de l'Ame dans la poésie médiévale et dans certains cercles néoplatoniciens du XVIe siècle; il évoque tout autant la fameuse controverse qui mit aux prises Gassendi et Descartes, que le premier appelait sa "chère âme" dans ses lettres les plus tendres. . . Nul ne mettra en doute l'à-propos de la riposte de Clitandre à Armande:

> Pour moi, par un malheur, je m'aperçois, Madame
> Que j'ai, ne vous déplaise, un corps tout comme une âme;

Je sens qu'il y tient trop pour le laisser à part;
De ces detachements je ne connais point l'art;
Le Ciel m'a dénié cette philosophie,
Et mon âme et mon corps marchent de compagnie.
. . . .
Mais ces amours pour moi sont trop subtilisés;
Je suis un peu grossier, comme vous m'accusez;
                    (IV, 2, vv. 1213-18, 1223-24)

A propos de la haute spiritualité d'Armande et de son souverain mépris du mariage, Jacques Truchet fait observer à juste titre qu'Armande est la victime de certaines circonstances familiales fort défavorables:[9]

> L'anomalie, dans le cas d'Armande, consiste moins dans son refus du mariage en soi que dans son refus d'épouser Clitandre (qu'elle aime). On peut se demander si ce blocage psychologique ne s'explique pas par le déplorable mariage de ses parents. Quand on parle de la condition féminine dans *Les Femmes savantes,* on ne tient, me semble-t-il, pas assez compte de ce que représente exactement Chrysale; ce ne sont pas seulement son égoïsme, sa conception étriquée du bonheur, sa lâcheté, qui ont de quoi dégoûter, mais la complaisance avec laquelle il vante les exploits amoureux (il les exagère probablement) de sa jeunesse. . .
>   (pp. 72-73)

Que penser de Philaminte? Dans son cas aussi, la prudence est de rigueur. D'authentiques et légitimes aspirations au savoir affleurent encore sous le traversti du comportement et dans les outrances du langage. C'est à Trissotin qu'elle adresse la parole:

Le sexe aussi vous rend justice en ces matières;
Mais nous voulons montrer à de certains esprits,
Dont l'orgueilleux savoir nous traite avec mépris,
Que de science aussi les femmes sont meublées;
Qu'on peut faire comme eux de doctes assemblées,
Conduites en cela par des ordres meilleurs,
Qu'on y veut réunir ce qu'on sépare ailleurs,
Mêler le beau langage et les hautes sciences,
Découvrir la nature en mille expériences,
Et sur les questions qu'on pourra proposer
Faire entrer chaque secte, et n'en point épouser.
                    (III, 2, vv. 866-76)

La noblesse de ces aspirations est évidemment compromise par la bassesse des desseins et par le caractère burlesque du précepteur à qui elle les confie. Et personne n'oublie quel homme elle a épousé. Comme partout ailleurs, des moyens mesquins ou absurdes compromettent la légitimité des buts poursuivis.[10]

En ce qui concerne Ariste, son sens commun et sa patiente fidélité lui suffisent amplement. Parlerait-il de même s'il avait charge de famille?

C'est à juste titre qu'on met souvent en parallèle la dernière comédie de Molière, *Le Malade imaginaire* (1673) et *Le Tartuffe* qui lui fait pendant. Argan et Orgon sont des frères jumeaux victimes d'une même obsession—la recherche de la perfection, le premier dans le domaine de la santé physique, le second dans celui du salut spirituel. Dans les deux cas, un tyran sénile et plus ou moins odieux veut imposer à sa fille un mari qui lui répugne et un raisonneur plus ou moins doué fait son possible pour remédier aux désordres causés par les complexes du despote bouffon. La différence principale réside dans la dissemblance des "secondes femmes". Les servantes-suivantes s'acquittent admirablement du rôle que le dramaturge leur a confié dans l'une et dans l'autre pièce. Le schéma est le même. Pygmalion, le Pygmalion burlesque de Molière du moins, a enfin été mis hors d'état de nuire; les femmes ne seront pas les dernières à s'en plaindre.

Du sommet à la base, dans son ensemble et dans ses parties, la société française de l'Ancien Régime est régie par l'homme et, par droit de succession ou de délégation, au fils de l'homme. Comme dans toute autre société patriarcale, la femme est considérée comme une créature subalterne qui se définit moins par sa nature propre que par les fonctions que l'homme lui a assignées. Certains domaines lui sont interdits par la Loi ou par la tradition et la coutume. Dans d'autres domaines—celui de la procréation mis à part—elle peut être jugée utile, nécessaire même, si l'homme en décide ainsi ou s'il est forcé de lui déléguer le pouvoir, en l'absence de l'époux par exemple. Elle peut donc être "chargée de pouvoir" ou "chargée d'affaires", mais c'est *in loco patris*. En pratique, elle éduque les enfants et, en cas de veuvage, gère les bien familiaux à moins que le disparu n'ait pris d'autres dispositions. Selon les états de fortune et d'autres facteurs, c'est elle qui gouverne la domesticité ou ne la gouverne pas, au gré de l'époux. C'est donc le *pater familias* qui trône au sommet de la cellule familiale, comme le Roi au pinacle de la Patrie. C'est lui, et c'est aussi son Image. Cette Image est double: dans une certaine optique, elle est belle et rassu-rante; dans une autre, qui est celle de Molière, elle est laide et alarmante.

En bon médecin de famille, Molière connaît bien son patient et il l'a toujours bien soigné; il l'a presque mis au monde, mais la sage-femme était plus compétente! Tout récemment appelé d'urgence à ausculter le malade, il l'a trouvé bien-portant mais bel et bien en délire. Et le délire de l'ima-gination n'est pas de son ressort (peu s'en faut!); c'est celui du médecin légiste, surtout s'il a des accointances avec les Petites-Maisons. Bref, son dernier protocole va dans ce sens: moi disproportionné, folie des grandeurs, penchant irréductible au despotisme, tendance à la cruauté à l'égard de l'épouse et de la fille surtout—inclination marquée à vouloir les façonner à son image—, amoureux d'une femme idéale qui incarnerait, tout à la fois, le dévouement de la mère défunte, la parfaite soumission de l'épouse, les vertus de la sainte, les pouvoirs magiques de la fée, les attraits impérissables de la coquette, le comportement de la prude, les talents de la cuisinière, la simplicité de l'ilote, l'expertise de l'éducatrice, la patience de la garde-malade, etc., etc.

Molière fut même plus que l'avocat des femmes: il les a comprises et il fut leur ami.

Chapitre III

Théoriciens et praticiens de l'éducation féminine.

Ecoles de filles

Il y avait des ecoles de filles en France au XVIᵉ siècle déjà; tout en proscrivant la mixité, l'Eglise de la Réforme Catholique n'était pas inactive et elle promouvait d'éducation féminine. Comme le souligne Jean de Viguerie[1] dans un panorama récent, c'est au début du XVIIᵉ qu'on assista réellement à l'éclosion des premiers pensionnats pour filles de condition, et l'instruction qui s'y donnait n'était pas conventuelle ou, du moins, pas nécessairement. L'idée d'une école chrétienne pour filles vient sans doute des Jésuites; le Concile de Trente (1545-1563) en avait encouragé la création et le développement, et la notion d' "honnête femme" y contribua largement. On admit sans trop de peine que la dévotion des femmes devait reposer sur leur instruction à des degrés distincts et divers. Instruire la piété n'excluait d'ailleurs pas les vocations religieuses proprement-dites, ni les bonnes œuvres en faveur des filles abandonnées, des mères indigentes, des malades et des victimes d'injustices sociales ou de fléaux naturels et économiques.

On s'aperçut même vite au XVIIᵉ siècle que les filles, déjà enclines à la piété par nature, appréciaient la sollicitude dont elles étaient l'objet et y prenaient goût. Saint Vincent de Paul devait fonder les Filles de la Charité en 1633; le père Coton, le cordelier Dubosc et d'autres allaient insister sur la nécessité d'éduquer soigneusement les filles et les femmes. Des établissements pour "Filles de paroisse", des missions, des retraites furent créés tout spécialement pour elles. On leur dédia des Traités d'éducation (p. ex. *L'honneste femme*, de J. Dubosc, 1640), des Epîtres, des Sermons et de nombreux autres textes devant servir à les édifier. On mit même en valeur le plaisir légitime qu'un ecclésiastique pouvait éprouver à éduquer, à conseiller et à diriger son élève; tout laisse à penser que ce plaisir était mutuel. Cette satisfaction réciproque n'était d'ailleurs plus l'apanage des dames de cour, il s'était répandu parmi les bourgeoises, les artisanes et les paysannes.

C'est aussi de cette époque que datent la création et l'expansion des Missions d'Outre-mer, dont les premières recrues étaient des Ursulines, des Augustines et des Hospitalières de St Joseph, à Québec et à Montréal notamment. Bossuet aura beau fulminer contre les femmes vaniteuses et ambitieuses, et c'est en vain que les maris ignorants ou têtus continueront à déblatérer contre les suppôts du diable, les sorcières, les femmes de mauvaise vie ou leur propre épouse: la France catholique avait pris conscience des vicissitudes qui caractérisaient la condition féminine dans la métropole et ailleurs. Des débats intéressants s'organisèrent sur des sujets comme: les femmes sont-elle plus aptes que les hommes à la dévotion et à la mystique? Ils ont passionné les participantes, et le Quiétisme ne s'en est pas porté plus mal. . . Le Jansénisme avait ses propres Ecoles, ses adeptes et même ses championnes (Angélique Arnauld, Jacqueline Pascal, les religieuses de Port-Royal, Marie de Gonzague, et d'autres). Les femmes elles-mêmes ont bien compris qu'on s'intéressait à leur sort et que la nation avait besoin d'elles, non seulement en tant qu'épouses et mères de famille, mais comme éducatrices, régentes d'école, missionnaires et religieuses.

Jean de Viguerie concluait son panorma en ces termes:

> On peut se demander si les femmes n'avaient pas reçu mieux que les hommes le message de la réforme tridentine dans ce qu'il contenait d'absolu et d'exigeant, et s'il n'en était pas résulté, dès le dix-septième siècle une christianisation plus profonde de l'élément féminin. (p. 40)

D'autre part, comme on l'a vu, les femmes-écrivains d'avant-garde du XVIᵉ siècle avaient, elles aussi fait école, quoique d'une tout autre manière et non sans peine. Elles avaient fait des adeptes dans certains milieux cultivés; elles s'étaient même trouvé des défenseurs, des avocats de talent et même des protecteurs parmi les hommes, particulièrement chez les penseurs, les artistes, les gens de lettres, sans oublier les mondains. Mais où donc les femmes du Grand Siècle allaient-elles trouver un apôtre qui offrît les qualités d'esprit et de cœur requises pour qu'il pût les soutenir et les conseiller en matière de méthodes et de programmes éducatifs?

Ce véritable apôtre ne se présenta qu'au seuil du dernier quart du siècle en la personne d'un disciple de Descartes, doublé d'un théologien qui fut curé de campagne, se convertit au protestantisme peu après la Révocation de l'Edit de Nantes et vécut ensuite en exil à Genève jusqu'à sa mort. Il s'appelait François Poullain de la Barre (1647-1725).[2]

Ce n'était pas trop tôt! mais, somme toute, c'était prodigieux: un disciple de Descartes osait enfin, en 1673, mettre en application, en faveur des femmes, les principes de la philosophie de son maître; il osait même publier le fruit de ses propres réflexions! Poullain insiste d'abord sur le fait que l'égalité des sexes est entière à ses yeux, comme à ceux de quiconque reconnaît la Raison comme la seule autorité valable. D'autre part, il est parfaitement conscient des objections que lui feront ceux qui continuent à se réclamer de l'autorité des "grands hommes" et de l'Ecriture Sainte. Le préjugé le plus néfaste à l'époque est sans doute celui qui consiste à considérer les femmes comme des "créatures inférieures" aux hommes; les femmes elles-mêmes ne sont pas exemptes de ce préjugé, quand elles persistent à croire qu'elles n'ont accès ni aux sciences ni aux emplois parce qu'elles n'en sont pas capables, qu'elles ont moins d'esprit que les hommes et qu'elles doivent leur être inférieures en tout.

Dans une première partie, le philosophe fait voir comment les femmes ont été assujetties, et ainsi exclues des emplois et des sciences. Dans la deuxième partie, il s'attachera à montrer que les preuves des savants sont toutes vaines et que les opinions vulgaires au sujet des femmes ne sont que des préjugés et des idées reçues.

Poullain est un des tout premiers penseurs à essayer de placer l'état de sujétion de la Française dans un cadre historique, philosophique et géographique mondial. Il pense à tout, et rien ne lui échappe. . . Les divinités femelles du paganisme étaient déjà soumises aux dieux mâles; les prêtresses étaient au service des femmes, mais sous la conduite des prêtres. Dans le passé, de nombreuses femmes se sont efforcées d'égaler les hommes dans plusieurs domaines, et elles y sont parvenues sans peine, mais elles n'ont pas fait d'adeptes ou de sectateurs et leurs découvertes se sont éteintes avec elles. A la fin de la première partie, le penseur fait même valoir la "supériorité" des femmes dans certains domaines: l'éthique, le savoir-vivre et la sociabilité (pudeur, honnêteté, bienséance, équilibre de la personnalité, art de plaire et de converses, éloquence). Les femmes fortes, héroïques, vertueuses ne manquent pas dans l'histoire de la planète. C'est comme par instinct qu'elles savent le droit, l'histoire, la théologie, la médecine et d'autres sciences; pourquoi s'obstiner à leur interdire des matières plus difficiles encore? Peu importe si, dans les circonstances actuelles, l'algèbre, la géométrie et l'optique semblent leur échapper. La première partie de l'ouvrage s'achève ainsi sur un panégyrique des femmes; elle conclut que, si la condition féminine présente n'est pas égale à celle de l'homme, c'est faute de chance ou de force.

Dans la deuxième partie, le philosophe s'attache à prouver la futilité des idées reçues parmi les savants et dans le peuple. Là, le féministe militant ressuscite la guerrière légendaire, l'Amazone, et il esquisse le tableau de son Empire. Il en conclut que la femme est capable de s'initier à des domaines nouveaux et même d'y briguer des emplois importants. Il se laisse emporter par sa fougue: il confère le grade d'Académicienne aux plus zélées de ses disciples, il les lance à la découverte du Droit (canon et civil), de l'Histoire (ecclésiastique et profane) et de la Théologie. Il leur souhaite même de se tailler bientôt des succès dans la Maîtrise, le Doctorat et l'exercice de certains emplois que seuls les plus hauts grades universitaires ouvrent à peu d'hommes (monde parlementaire, dignitaires ecclésiastiques); il les persuade qu'elles sont capables d'être Vice-Reines, Reines, Intendantes des finances, Conseillères d'Etat. Et pourquoi donc la femme casquée ne pourrait-elle pas de devenir Générale d'armée? Rien, hormis les préjugés, ne s'y oppose. Rien n'empêche que les cercles et les petites académies d'aujourd'hui soient un jour les collèges et les hautes écoles d'où sortiront nos pastoresses, nos femmes-ministres et nos avocates.

Malgré tout, le féministe militant reste réaliste et conscient des obstacles qu'il faudra surmonter pour en arriver là. L'hostilité des hommes est inévitable; les femmes elles-mêmes, loin d'être unanimes, seront divisées.

A ce propos, les commentaires et les réflexions de Poullain sur les vicissitudes du mouvement précieux, ne sont pas sans intérêt. C'est nous qui les résumons ici:

> Jalouses, certaines femmes sont les premières à jeter le discrédit sur certaines initiatives qui bousculent leurs habitudes et leurs préjugés. Poullain a bonne mémoire; il déplore la passivité ou l'hostilité des femmes timorées, ignorantes ou jalouses, et il les accuse d'être, en partie du moins, la cause de certains échecs et des malentendus qui en ont découlé.

Nous verrons plus loin quel rôle il confie à son Eulalie (l'homonyme de celle de Michel de Pure); dans l'intervalle, cette citation de *L'Egalité* nous servira de transition entre cet ouvrage surprenant et celui qui lui fait suite, *Les Entretiens,* qui est tout aussi surprenant:

> . . .elles regardent les cercles comme de véritables Académies, où elles vont s'instruire de toutes les nouvelles de leur sexe. Et s'il arrive que quelques-unes se distinguent du commun par la lecture de certains Livres, qu'elles auront eu bien de la peine à attraper, à dessein de s'ouvrir l'esprit, elles sont obligées souvent de s'en cacher: La plupart de leurs compagnes par jalousie ou autrement, ne manquent jamais de les accuser de vouloir faire les précieuses.
>
> (*L'Egalité,* p. 98)

L'auteur des *Entretiens,* à l'instar de celui de *La Pretieuse,* fait du reportage, écoute et transcrit des conversations qui ont lieu entre des représentants des deux sexes, des personnes cultivées et de bon goût, avides de savoir et d'échanges de vues: Eulalie, Sophie d'une part, Stasimaque—l'auteur—et Timandre, de l'autre. La conversation est libre et roule sur tous les sujets, y compris la préciosité. Il est manifeste qu'ici le mot est pris par Sophie dans sa plus mauvaise signification. Cependant, l'équivoque subsisterait-elle encore qui opposait jadis les vraies précieuses et les fausses, comme elle vient de se faire jour sur la scène moliéresque à propos des vraies et des fausses femmes savantes? On peut le croire, surtout dans un milieu cartésien dont le principe de base est précisément la distinction entre "le vrai" et "le faux". C'est Sophie, la sagesse person-nifiée, qui rappelle le principe et introduit la mise en parallèle:

> Vous confondez les véritables savantes, dit Sophie, avec les Prudes et les Précieuses, que je hais tellement moi-même, quoique je sois de leur sexe, que je ne m'étonne pas qu'elles soient insupportables aux hommes.
>
> Il y a si peu à dire, répliqua Timandre, du caractère de Savante à celui de Précieuse, que l'on passe insensiblement de l'un à l'autre. . . elles ont toutes de l'esprit, et même du goût pour les belles choses: mais cet esprit est tourné si précieusement, pour ainsi dire, ce goût si incommode par leurs façons, que vous en seriez rebutée. Elles sont aussi fières que si elles étaient des Déesses, et d'une autre espèce que leurs semblables. Quand elles sont dans un cercle, elles prétendent avoir le droit d'y dominer comme des Reines; elles ne daignent pas

regarder ceux qui les approchent, et croient faire beaucoup d'honneur à un homme que de tourner les yeux de son côté. Celles qui ont un mari ou le comptent pour rien, ou ne le considèrent que comme leur premier domestique; et celles qui n'en ont point, parlent des hommes comme s'il n'y en avait pas un qui méritât de demeurer avec elles. On n'a point d'esprit, selon elles, lorsqu'on ne reçoit pas avec des marques d'adoration leurs maximes, qu'elles proposent d'un ton d'Oracle. Leurs gestes sont affectés, leurs termes sont recherchés. Elles s'écoutent parler avec admiration, et elles écoutent les autres avec indifférence. . .
        Vous avez bien étudié ces poupées-là, dit Sophie.
        Timandre connaît des femmes savantes de cette sorte, reprit Stasimaque, et moi j'en connais d'une autre façon qui me plaît fort. Car je les touve naturelles, civiles et commodes. (pp. 7-9)

On se croirait dans la ruelle d'Eulalie, cette autre Eulalie à qui l'abbé de Pure donnait si souvent la parole! Effectivement, c'est son homonyme qui intervient à ce moment pour s'exclamer: "Nos savantes (. . .) valent bien ces savants-là" (p. 11). Et Stasimaque sera bien d'accord avec Eulalie. Il profitera de l'occasion pour rappeler aux unes et aux autres que les divergences de vues sont inévitables, mais qu'elles ne doivent en aucune manière conduire à "l'esprit de contradiction", au "mystère" et à la "chicane" (p. 12), et cette leçon s'applique aux deux sexes, sur pied d'égalité.

Un peu plus loin, dans le même entretien, tout comme son homo-nyme, Eulalie s'abandonne aux confidences et narre un souvenir de jeunesse dont elle a tiré la leçon:

. . . une de mes amies qui n'est pas plus heureuse que moi, ayant trouvé le moyen d'avoir des livres à l'insu de sa mère, me prêta un jour un *Nouveau Testament* français. De sorte que l'ayant lu avec d'autant plus d'application que je n'avais que ce livre-là, et que l'on m'avait défendu de le lire, les endroits qui concernent la perfection chrétienne me touchèrent plus que les autres; et n'y ayant point vu que les femmes doivent vivre autrement que les hommes dans la religion; que les uns et les autres seront punis ou récompensés de la même façon, et pour les mêmes actions; et que les sciences n'y sont défendues à personne, je conclus que ceux qui nous en veulent détourner le font par intérêt ou par ignorance... (p. 37)

On n'aurait pas pu mieux dire et, du même coup, réconcilier une fois pour toutes Calvin, Montaigne et Descartes, ainsi que les précieuses, les femmes savantes et leurs détracteurs bien pensants ou ignares! Nous sommes aux antipodes des inepties de Cathos et de Magdelon et des maladresses involontaires d'Armande et de Philaminte. Ici, la femme éprise de savoir remet en question des structures et des pratiques désuètes et humiliantes; elle observe et elle raisonne.

Les porte-parole de Poullain de la Barre vont plus loin; ils ne prêtent nulle attention aux remarques sceptiques ou mal intentionnées des adversaires; ils insistent sur le fait que l'éducation des femmes est d'importance primordiale et qu'elle est aussi utile qu'agréable. Femmes et hommes ont accès au savoir, à la sagesse et à la vérité. Pour les deux sexes, l'art de vivre heureux repose sur la connaissance de soi, des autres et du monde.

Certains des nombreux livres dont le militant féministe préconise la lecture nous sont encore très familiers aujourd'hui:

—La *Logique* de Port-Royal
—Le *Discours de la méthode* et les *Méditations* de Descartes
—Le *Traité de l'homme* de Descartes, avec les remarques de la Forge
—Le *Traité de l'esprit de l'homme,* de la Forge
—Le *Traité des passions* de Descartes, "auquel il est bon de joindre celui
    de Monsieur de la Chambre"
—Le premier tome des *Lettres* de Descartes à la Reine de Suède, et à la
    Princesse de Bohème
—Etc.   (pp. 308-09)

Descartes! Trente ans après son *Discours,* sa pensée a fait son chemin non seulement dans les salons et les alcôves, mais aussi dans les cercles ouverts et dans les académies accueillantes où les femmes lisent et empruntent des ouvrages un peu comme dans nos bibliothèques publiques. Lisez Descartes: "Vous verrez par ces lettres qu'il ne jugeait pas les femmes incapables des plus hautes sciences" (p. 309). Lisez le Nouveau Testament, en français: "Il a été traduit par plusieurs auteurs que je laisse à votre choix" (p. 310). L'audacieux programme féministe de Poullain n'exclut ni l'initiative personnelle ni le libre examen. Le programme a été formulé et il est même mis en application dans certains cercles; mais, que d'obstacles encore! Qu'en pensaient les hommes?

Comme certaines Gazettes du temps nous l'apprennent, ceux qui participent aux activités des cercles de Poullain ont évolué et y sont favorables. Les autres—la majorité—s'en désintéressent ou y font carrément obstacle. L'auteur des *Entretiens* reconnaît, par le truchement de

Stasimaque, qu'une infinité d'hommes ont peur des Sorcières, "mettent le Diable partout, et s'imaginent, par exemple, que la rencontre d'une femme est un piège qu'il leur a dressé. . ." (p. 303); lui, par contre, a cessé de considérer la femme comme un suppôt de Satan depuis longtemps déjà. A Eulalie qui lui demande ce qu'il pensait vraiment des femmes avant d'épouser leur cause, Stasimaque fait cet aveu qui ne manque pas d'humour:

> Faut-il demander cela. . . ? Vous devez bien juger que pendant que j'ai été scolastique, je les ai considérées scolastiquement, c'est-à-dire comme des monstres, et comme étant bien inférieures aux hommes, parce que Aristote et quelques Théologiens que j'avais lus, les considéraient de la sorte. (pp. 334-35)

A ce propos, ayant fait table rase des Anciens et ayant opté pour les Modernes, Poullain n'est guère tendre pour les Maîtres à penser auxquels les sorbonnards et les pédants de l'époque ne cessent de se référer: Platon, qui doutait s'il fallait ranger les femmes dans la "catégorie des bêtes"; Aristote qui a prétendu que les femmes n'étaient que des "monstres"; Socrate qui comparait la femme au "Temple bien apparent mais bâti sur un cloaque"; Diogène qui vit en elles des "aspics" et des "vipères". . . (*L'Egalité,* pp. 107-09, passim)

Timandre, timoré et assez malhabile, s'efforce d'ailleurs parfois de tourner un préjugé insultant à l'égard des femmes, en une sorte de compliment mondain qui n'est pas toujours de la meilleure veine. (cf. les femmes "légères, opiniâtres et peu capables". . .)(*Entretiens,* pp. 348-49)

Des Gazettes dignes de foi, comme celle de Renaudot, fondée en 1631, rapportent que certains cercles n'hésitaient pas à repenser et à débattre des problèmes réels et d'actualité concernant la sujétion inique du sexe faible, l'égalité des droits et les progrès à accomplir.

Le rôle joué par les hommes dans le mouvement d'émancipation de la femme au XVIIe siècle ne semble guère avoir retenu l'attention des critiques littéraires les plus récents. Bien sûr, Gustave Reynier avait frayé la voie avec beaucoup de compétence et de flair, dans son chapitre XII, notamment.[3] Ses disciples et ses successeurs, toutefois, s'étaient intéressés à d'autres aspects de la condition féminine ou s'étaient attardés ailleurs.

Dans un impressionnant panorama intitulé *Les Champions des femmes,* Marc Angenot[4] a su mettre la statistique au service de son érudition et montrer qu'en fait beaucoup d'hommes ont vu d'un très bon œil la cause des femmes. Au cours des quatre siècles qui séparent le Moyen Age de la Révolution française, le sujet a retenu l'attention de certains milieux mixtes cultivés où les hommes ne manquaient pas d'ouverture d'esprit. Il a consulté quatre-vingts Traités à ce propos, dont trente-deux furent rédigés au XVIIe siècle. Dans l'ensemble, ces Traités soutiennent la thèse de l'égalité des sexes; certains avancent même l'hypothèse de la supériorité des femmes. Pour la plupart, ces plaidoyers étaient signés par des hommes. L'amour et le plaisir du paradoxe sont certes monnaie courante dans les milieux cultivés et mondains, parmi l'élément masculin surtout. Mais, si ces hommes ont manié le paradoxe avec un peu trop d'habileté ou sous le couvert de l'hypocrisie, ce ne pouvait être qu'à leurs risques et périls. Par ailleurs, ces Traités n'étaient pas que des feux d'artifices; on y raisonnait les choses et on s'appuyait sur des arguments très souvent solides et convaincants. Certains de ces arguments concernent les avantages d'ordre physiologique qu'ont les femmes: rôle *sine qua non* dans la reproduction de l'espèce, rapidité du développement biologique, plus grande longévité. D'autres arguments relèvent du domaine de l'observation des faits historiques: capacité de guérir les maladies et de soigner les malades, rôle capital de l'accoucheuse professionnelle ou bénévole, surtout dans les accouchements difficiles. D'autres encore ressortissent nettement aux domaines de la philosophie et de la psychologie: l'idée platonicienne (dévaluée dans l'expression populaire de la "meilleurs moitié") que les deux sexes se complètent, et que la beauté physique supérieure de la femme reflète une beauté spirituelle dans le monde de la perfection, la douceur, la sobriété, la chasteté, la prudence, le doigté dans les relations sociales, l'habileté dans la conversation, etc. Encore une fois, comme Marc Angenot le rappelle, la plupart de ces Traités furent signés par des hommes. C'est donc que l'homme lui-même a évolué sous l'influence de l'humanisme, de la réforme et d'autres facteurs culturels et sociaux importants.

Quand il s'analyse en profondeur, l'homme doit bien admettre qu'il a, instinctivement, peur de "l'autre", cette inconnue qui l'intrigue et l'émerveille, mais dont il se méfie. Cet instinct peut mener à la misogynie et même à la gynophobie; par contre, il peut mener au respect ou à la vénération de cette "autre" inconnue, qu'il désire connaître et posséder. En général, il veut percer le mystère dont il entoure l'image de la femme; en même temps, il s'efforce de s'approprier ce mystère pour le diriger à ses fins personnelles. Il se libère ainsi de la peur qui l'habite, et il neutralise par conséquent la menace qui pesait sur lui. On pourrait aller plus loin que

Marc Angenot dans ce domaine où les spéculations les plus audacieuses sont fort séduisantes; les psychologues et les psychanalystes ont beaucoup à dire à ce sujet. C'est à certaines de ces spéculations que nous ferons allusion dans notre quatrième chapitre.

Quoi qu'il en soit, malgré les efforts de nombreux pionniers des deux sexes, et en dépit des progrès accomplis dans les cercles de Poullain de la Barre, la France n'était pas encore prête pour se donner un enseignement public susceptible de répondre aux besoins de l'élément féminin. Et d'autres pionniers plus timides devaient encore chercher des voies nouvelles dans le secteur plus exigu de l'enseignement privé réservé à une élite. Le moment est venu de considérer l'apport de Fénelon et celui de Madame de Maintenon.

François de Salignac de la Mothe-Fénelon

Tandis que Poullain de la Barre et ses collaborateurs œuvraient courageusement, au risque de faire éclater les structures éducatives du Régime, d'autres théoriciens et praticiens plus réticents et beaucoup plus conservateurs s'assignaient pour tâche de modifier certaines de ces structures, sans les bouleverser et dans un domaine beaucoup plus limité; en fait, leurs réformes en faveur de certaines filles privilégiées visaient surtout à sauver et à consolider l'Ancien Régime. Aux pionniers de la liberté et de l'égalité devaient succéder des partisans de l'ordre ancien et des réformistes prudents. En comparaison des idées, des méthodes et des programmes mis en cours par Poullain, les réformes de Fénelon et de Madame de Maintenon paraissent tout particulièrement timides et peu significatives; elles l'étaient en effet. Les esprits s'étaient ouverts, les mœurs avaient changé et continuaient de le faire à un rythme de plus en plus accéléré; des difficultés de tout genre avaient surgi et elles mettaient même en péril les institutions qui avaient toujours garanti la stabilité et le bon fonctionnement du régime monarchique à travers les crises économiques et politiques les plus graves. Certains dirigeants et hauts dignitaires de la nation étaient soucieux et voyaient mal ce que le proche avenir tenait en réserve pour la France. C'est sans doute dans ce contexte d'insécurité que Fénelon se mit à réfléchir sérieusement aux lacunes tout évidentes dans certains secteurs de l'enseignement traditionnel et aux problèmes graves qui risquaient d'en découler. Dans ses écrits et dans l'exercice de son sacerdoce, il esquissa un programme de réarmement moral destiné à former plus efficacement des épouses loyales et diligentes et des mères de famille hautement compétentes et capables de gérer avec succès les propriétés foncières des classes supérieures qui allaient en s'appauvrissant de façon alarmante. Les méthodes et les programmes préconisés par la précepteur du Duc de Bourgogne représentent surtout une vaillante tentative de redressement moral, religieux et politique au sein d'un élite sociale dont la France avait besoin, plus que jamais, pour mieux affronter les crises à venir.[5]

Sans s'y limiter, Fénelon propose surtout les matières traditionnelles susceptibles de produire des "femmes fortes", des personnalités responsables et des maîtresses de maison mieux adaptées aux exigences nouvelles d'une économie nationale en péril. Comme ce fut souvent le cas en France dans le passé et dans des circonstances fort semblables à celles du Grand Siècle à son déclin, l'éducation des filles, pour Fénelon, a pour objet la stabilité sociale, voire même économique, plutôt que l'épanouissement de leur propre personnalité. On ne s'étonne donc pas de retrouver, au cœur même d'un programme soi-disant rénové, les mêmes matières présentées dans un éclairage légèrement modifié pour les besoins de la cause: une solide formation morale et religieuse, une initation aux rudiments de la littérature classique de l'Antiquité et à certaines œuvres très soigneusement choisies des Modernes, la grammaire, l'arithmétique, un peu de Droit, du latin et, comme art d'agrément, la peinture—alors que la musique était en général considérée comme l'art féminin par excellence. . . En fonction de cette préparation, la fille n'est pas destinée à mener une existence de recluse: il n'est pas question de lui donner le goût du couvent. . . ; elle doit se concevoir surtout comme la future maîtresse de haute maison et comme la parfaite éducatrice des enfants de son époux; par surcroît, elle doit bien comprendre que la nation a besoin d'elle, compte sur elle et lui confie un rôle socio-économique de la plus haute importance.

Ce programme éducatif n'a rien de mondain. Fénelon n'est pas le dernier à s'insurger contre l'influence néfaste de la Cour; il déplore les effets pernicieux de l'expansion du luxe et de la corruption à Versailles et dans certains salons dirigés par des femmes dont la conduite est répréhensible et nuisible, à ses yeux.

Ce programme n'est pas moderniste. On pourrait croire ici et là que Fénelon se propose de former des citoyennes responsables, mais ce sont des citoyennes d'une classe très particulière, exclusive et jalouse de ses privilèges; on ne forme pas des "citoyennes" de sang noble, et celles de Montesquieu se recruteront ou devront se recruter dans toutes les classes sociales, et pas seulement chez les aristocrates.

En dernière analyse, ce programme est une manœuvre de repliement, de retardement, une action d'arrière-garde au bénéfice de quelques femmes et au détriment de la masse. Fénelon fit même la preuve de sa résolution et de son courage en faisant valoir ses projets de réforme dans l'exercice de son sacerdoce et en leur faisant voir le jour par écrit.

Madame de Maintenon

Fénelon et Madame de Maintenon étaient déjà en rapport en 1685-1686, et cette relation devait se maintenir dans les années qui suivirent. Après la fondation de la Maison Royale de Saint-Louis à Saint-Cyr (1686). Fénelon fut appelé à intervenir dans la gestion de la nouvelle école créée pour promouvoir l'éducation des filles de la noblesse pauvre. Il y fut conseiller, prédicateur et confesseur entre 1689 et 1694. Les deux éducateurs poursuivaient des buts similaires. Une solide formation morale et religieuse devait préparer des filles de bonne souche à jouer un rôle utile dont l'Etat allait bénéficier; Madame de Maintenon, elle aussi tenait à édifier ses élèves à l'écart des influences pernicieuses de la Cour et de la Ville.

Dès 1691, le manuel de conversation introduit par Madeleine de Scudéry fut remplacé par un *vade-mecum* de *Conversations,* plus austère que le précédent.[6] Aux règles de la bienséance inspirées par la préciosité et par le code de l'honnêteté en vigueur dans les milieux cultivés, on substitua des préceptes plus rigoureux de devoir, d'obéissance et de domesticité. Intellectuellement, la fille doit savoir limiter ses horizons; elle doit surtout apprendre à se contenter d'accomplir fidèlement certaines nobles tâches et de remplir efficacement certaines fonctions imposées par son sexe. Dans un certain sens, Madame de Maintenon désavoue ainsi implicitement certains sujets plus osés que le manuel précédent abordait; elle désavoue aussi, peut-être, les beaux jours qu'elle a connus elle-même dans les milieux mondains, à un âge plus tendre ou moins avancé. Elle conseille fortement à ses élèves de bien choisir leurs lectures: six ou sept bons livres suffiront pour meubler leur esprit et pour satisfaire leur légitime besoin d'imaginer et d'inventer. Au désir d'être libre et de s'émanciper, on substitue les préceptes traditionnels du dévouement et de la soumission. Comme dans le passé, c'est le pouvoir masculin qui reprend ses droits; mais, cette fois, ce pouvoir patriarcal s'exerce par le truchement d'un matriarcat qui s'en fait le complice. Comme chez Fénelon, il s'agit de donner à la fille les moyens de surmonter sa timidité et tout sentiment de honte. Tout en la mettant bien en garde contre les sollicitations du démon: la vanité, la coquetterie, et même l'excès de raffinement ou de finesse naturelle. L'idéal de la patrie et l'image du père sont toujours là et incitent la femme à se résigner à sa destinée de victime consentante; les Livres Saints attestent qu'il doit en être ainsi...

Tout compte fait, Fénelon n'était pas très loin de considérer ses filles comme des citoyennes à venir; Madame de Maintenon faisait des siennes des esclaves privilégiées.

Les audacieux projets et les innovations de Poullain de la Barre n'avaient pas réussi à soulever l'enthousiasme; avec ses collaborateurs dévoués, il avait dû y renoncer. Les efforts de redressement proposés et appliqués en faveur d'une élite sociale par le prédicateur et la gouvernante de Saint-Cyr, devaient évidemment se résorber et échouer, eux aussi; loin d'avoir sombré dans l'oubli, ils ont trouvé refuge dans la Légende du Roi Soleil. Quant aux idées plus généreuses et plus équitables de Poullain, elles ont dû attendre des conjonctures plus favorables pour se faire adopter; mais elles ont fini par s'imposer, peu à peu, sous d'autres Régimes.

Chapitre IV

La notion d'héroïsme et la critique actuelle

DEPUIS LES ANNEES SOIXANTE, les recherches et les études des dix-septiémistes se sont renouvelées considérablement. Nous leur avons déjà fait bon accueil dans les pages qui précèdent; le moment est venu de leur donner plus généreusement la parole dans ce dernier chapitre, et même de leur permettre de nous convier à certains de leur débats favoris. Aux historiens et aux exégètes de la littérature se sont joints des spécialistes dans les sciences humaines, sociales et médicales. Les travaux les plus récents—comme en témoignent les Actes des congrès et des colloques—constituent à présent un réseau efficace de recherches, de sondages et d'échanges menés en toute indépendance des frontières géographiques, politiques, linguistiques et disciplinaires. Les enquêtes sur la condition de la femme dans le XVIIᵉ siècle français se sont essaimées de la Métropole aux pays voisins et à de très nombreux territoires beaucoup plus éloignés. Les dix-septiémistes ne s'en étonnent plus depuis plus de vingt-cinq ans: ils résident un peu partout dans les pays de l'Europe occidentale, en Afrique du Nord, en Grande-Bretagne, aux Etats-Unis d'Amérique, au Canada, en Australie et même au Japon. Les assises de leurs congrès et de leurs colloques internationaux sont aussi amovibles que les domiciles de leurs participants dispersés mais toujours avides de renouer les contacts.

Qu'auraient pensé nos prédécesseurs de cette diaspora? Sans aller jusqu'à la déplorer, certains s'en seraient probablement alarmés; d'autres l'auraient sans doute jugée avec scepticisme ou méfiance; d'autres encore auraient fini par s'y résigner. . . Parmi ceux qui, par contre, l'auraient accueillie avec ferveur et enthousiasme, nul ne s'étonnera de retrouver le nom d'un animateur et d'un chef de file tel que fut Gustave Reynier[1] dont les écrits ne sont certes pas récents, mais dont les vues pénétrantes sont restées actuelles à beaucoup d'égards. Il fut l'un des premiers à cesser de considérer la préciosité comme un fait-divers anodin ou comme un objet de dissection en vase clos. Erudit, fin critique, sociologue convaincu et grand brasseur d'idées par inclination, il a mis la préciosité de l'Europe occidentale et celle de la France du XVIIe siècle en particulier, dans le contexte d'un mouvement hésitant mais plus vaste et plus significatif qu'on ose appeler aujourd'hui "le féminisme".

Gustave Reynier avait tenu à rappeler d'abord les antécédents littéraires et sociaux médiévaux du mouvement d'émancipation féminine en France. Il opposait les vers misogynes et rancuniers d'Eustache Deschamps *(Le Miroir du mariage)* aux vibrantes revendications de Christine de Pisan *(La Cité des dames, Le Livre des trois vertus)* et à l'apport souriant des poètes et des romanciers courtois. Aux contreforts de l'humanisme, il soulignait surtout la réelle ouverture d'esprit d'Erasme, en particulier dans ses *Adages,* dans ses *Colloques* et dans le *Petit Sénat.* C'est de cette dernière œuvre que le critique extrayait et citait un fragment très significatif, dans lequel l'humaniste cédait la parole à une femme, "la fière, l'ardente Cornélie (qui) expose devant ses amies assemblées les injustices dont elles sont victimes et qu'elles supportent trop patiemment". . . ; "les hommes, dit-elle, sont des tyrans. . . surtout quand il s'agit d'établir les enfants" (pp. 5-6). Dans son cheminement, Gustave Reynier n'avait évidemment pas négligé la sourde controverse qui mettait aux prises Guillaume de Lorris et Jean de Meung dans les deux parties du *Roman de la rose.* Il faisait grand cas de la contribution de Henri-Corneille Agrippa *(Déclaration de la Noblesse et préexcellence du Sexe féminin,* Anvers, 1529) dont il citait ce qui suit:

> Agissant contre tout droit divin, violant impunément l'équité naturelle, la tyrannie de l'homme a privé la femme de la liberté qu'elle reçoit en naissant. . . Dès son enfance, elle est tenue en oisiveté à la maison et, comme si elle n'était pas capable d'un plus haut office, il ne lui est possible de toucher autre chose que l'aiguille et le fil. Plus tard, c'est le mariage qui l'asservit à un maître jaloux, ou bien au couvent où on l'enferme pour toujours. (p. 7)

Des déclarations de ce genre nous sont devenues si familières que nous ne les remarquons même plus; Gustave Reynier les avait consignées fidèlement et les mettait à profit dans ses panoramas. Il connaissait bien le seizième et le dix-septième siècles, et on sait la place d'honneur qu'il a réservée au "Contemplateur" des mœurs, dans ses recherches et dans ses commentaires approfondis.

Les méthodes d'investigation et les thèses de Ian M. Richmond[2] se situent, pour ainsi dire, aux antipodes de celles de Gustave Reynier. Celui-ci avait pris la préciosité—même ridicule—au sérieux dans son essence; Ian Richmond, par contre, lui concède à peine le droit d'exister et d'avoir été l'objet de certaines controverses foncièrement inutiles. Il renverse la perspective, réduit son champ de vision et limite sa propre enquête à un réexamen hautement sceptique de *La Pretieuse* de Michel de Pure. Son postulat est le suivant:

> . . . on ne peut pas prendre au pied de la lettre tout ce que disent le narrateur, Gélasire, ni l'auteur, l'abbé de Pure. Tous deux ont pour intention, l'un de rire et l'autre de faire rire ses lecteurs. (p. 33)

Et le critique de conclure son entrée en matière en ces termes: "L'intention profonde de Michel de Pure était donc de dénoncer les précieuses sur un ton de raillerie" (p. 34).

A notre connaissance, Ian Richmond est le seul critique actuel qui ose prononcer un jugement si péremptoire dans un domaine où la circonspection est toujours de rigueur. A la limite, cette position nous paraît intenable: ce qui vaut pour Michel de Pure, serait applicable à Molière et à un grand nombre d'autres créateurs. La prudence s'impose d'autant plus envers Michel de Pure que, celui-ci, comme ses confrères mieux connus, manie déjà ces lames à double tranchant qu'on appelle la raillerie, le rire, l'ironie et la satire. Ian Richmond a dû outrepasser sa pensée quand il a érigé son scepticisme propre en système rigide et doctrinaire. A-t-il vraiment trouvé la clef du roman et percé le "mystère de la ruelle" quand il affirme:

> Le mode ironique de *La Pretieuse* n'est pas, cependant, la seule barrière à la compréhension de ce roman. Il y a aussi le fait que, en dépit de son titre, les Précieuses ne sont pas les personnages principaux de cette œuvre. Les véritables héroïnes du roman sont, en fait, les femmes qui se réunissent autour d'Eulalie et de Sophronisbe et qui, malgré une certaine raillerie, le plus souvent bienveillante, jouissent de l'affection et même de l'admiration de l'auteur. Le titre du livre s'explique pourtant par le fait que c'est pour ces femmes que de Pure veut expliquer les Précieuses, qui, par leur nouveauté, sont un mystère pour celles qui n'en connaissent pas. (p. 35)

A nos yeux, sans être un romancier de grand talent, Michel de Pure a su manier les points de vues, le pour et le contre, ainsi que la rumeur publique et l'honnête curiosité de l'enquêteur; il a fait cela avec dextérité, et il a même brouillé les cartes dans la mesure, surtout, où il se trouvait lui-même incapable de les démêler. S'il est vrai que les précieuses n'étaient en réalité que des femmes galantes, *Le Pretieuse* ne serait vraiment pas une œuvre à mettre entre toutes les mains! Elle ne serait surtout pas à mettre entre les mains des critiques et des exégètes de la littérature. . .

Dans un ouvrage antérieur à celui de Ian M. Richmond, Dorothy A. L. Backer[3] avait adopté la perspective de Gustave Reynier, pris la préciosité au sérieux et lu *La Pretieuse* sans parti pris. De plus, elle prenait soin de distinguer les vraies des fausses précieuses. Son propos était moins de dénombrer et de classifier les précieuses que d'observer leur comportement dans certains documents littéraires, de scruter leurs circonstances de vie, de sonder leur psychologie et de nous en faire quelques portraits détaillés. Si elle incline à négliger certains critiques des cinquante dernières années, sa recherche s'oriente pourtant, au delà de Michel de Pure, vers les témoins de l'époque et les participants de la ruelle. Le diptyque de l'imaginaire Euphémie dont les volets encadrent l'ouvrage, reconstitue pour le lecteur "la" précieuse telle qu'elle ne peut que se deviner dans ses attitudes, son langage et sa psychologie profonde.

Le livre de Dorothy Backer va de pair avec un autre ouvrage beaucoup plus précis, auquel nous avons déjà fait allusion plus haut dans notre étude, celui de Carolyn C. Lougée.[4] Avec cet auteur, c'est nettement par le biais de la sociologie et de la statistique que nous rouvrons les pages de l'Histoire du Grand Siècle.

> La thèse de cette historienne est la suivante: les salons, ou plutôt les efforts tentés par certaines femmes pour jouer un rôle plus marquant dans la société contemporaine, s'intègrent réellement dans le cadre des transformations profondes qui se manifestaient à ce moment dans cette société. Le Dr Lougée passe en revue l'état de fortune des pères et des maris des précieuses; elle observe parmi eux une grande diversité d'extraction, de fortune et de rang social; elle fait aussi remarquer que certains d'entre eux n'ont accédé à leur position de prééminence que très récemment. Le nombre des maris qui détiennent des titres nobiliaires importants est supérieur à celui des pères correspondants. Le mouvement des salons a donc très bien pu représenter un effort de valider l'existence et l'expansion d'une classe

montante de "nouveaux riches"; les détracteurs de ce mouvement auraient par conséquent protesté contre l'avancement rapide de ces parvenus. Ces adversaires du mouvement des salons auraient ainsi milité en faveur d'une régénérescence et d'un redressement moral de la vieille noblesse d'épée, tout en remettant en valeur l'idéal de l'état de chasteté chez les hommes aussi bien que chez les femmes.[5]

Pour enchaîner, sans quitter le domaine de la critique anglo-saxonne, nous dirons quelques mots de l'ouvrage de Ian Maclean, *Woman Triumphant (Feminism in French Literature, 1610-1652)*.[6] Il nous intéresse d'autant plus qu'il discerne une réelle évolution de l'image de la femme dans le premier demi-siècle, qu'il ne dédaigne pas de remettre en cours les notions de femme forte, de femme généreuse et d'honnête femme, et qu'il annonce une typologie féminine beaucoup plus nuancée et plus large que celle de Michel de Pure. Par ailleurs, le critique établit d'utiles rapports entre les œuvres d'imagination et les arts visuels, dans la perspective baroque.

En matière d'évolution, Ian Maclean fait observer que le profil de la femme "héroïque" qui a prévalu dans les trois premières décennies, a fait place à celui de la femme "forte" qui caractérise la nouvelle approche féministe des années 40. Cette approche assez semblable à la précédente, a pris ses racines dans les récits édifiants et moralisateurs qui entouraient le culte de la Vierge Marie et qui abondèrent notamment pendant la Régence d'Anne d'Autriche (1643-1652). De nombreux Traités rédigés entre 1630 et 1650 mirent, pour ainsi dire, en vedette l'image de la femme héroïque, généreuse, forte ou honnête, et celle de l'amazone chrétienne. Le critique rappelle à bon escient que l'idéal d'honnêteté est un idéal séculier de comportement social qui a assimilé des notions religieuses de chasteté, de piété et de vaillance; d'autre part, s'il exalte le service de la Dame, le code de la galanterie insiste lui aussi sur le respect que l'homme doit vouer à la femme.

Ian Maclean fait bien de rappeler que, à mesure que la typologie féminine du siècle évoluait, les structures sociales se modifiaient insen-siblement mais tout autant. Le jour viendra même où, vers 1675, des bourgeoises de plus en plus prospères et des aristocrates appauvries voisineront, pour ainsi dire, dans les cercles lancés par Poullain de la Barre. Selon Ian Maclean, il est certain que les réformes provisoires de Jacqueline Pascal, vers 1657, et les programmes éducatifs de Fénelon et de Madame de

Maintenon vers la fin du siècle, ne reflètent pas les changements profonds qui ont affecté la société et les mentalités du Grand Siècle.

Enfin, le critique attire l'attention de son lecteur sur le fait que, déjà dans le premier tiers du siècle, on organisa des galeries de tableaux et des expositions d'art qui révèlent l'existence d'un féminisme embryonnaire. Il cite, entre autres, la galerie Rubens mise sur pied entre 1622 et 1625, pour Marie de Médicis qui désirait qu'on se souvienne d'elle en qualité de femme héroïque plutôt qu'en tant que Reine. D'autres Grandes Dames ont préféré qu'on les commémore sous les traits de la femme virile ou ceux de l'amazone. Les valeurs morales se font de plus en plus mobiles; elles se transfèrent déjà plus facilement d'un sexe à l'autre sans qu'il soit besoin d'invoquer les légendes dont s'entoure communément l'androgynie. Le monde renversé de certains peintres et de certains poètes baroques ne manque pas d'illustrer cette transmutabilité des valeurs. En définitive, c'est graduellement que le profil austère de "l'honnête femme" a cédé à la silhouette plus séduisante de la "mondaine" qu'on s'obstine à voir trop souvent et erronément dans les cercles culturels du Grand Siècle. L'honnête femme fut le dénominateur commun de types nobles très divers; la *meretrix* des salons mondains libère, elle aussi, des fantasmes masculins dont il est bon de se méfier. En effet, si la silhouette de la mondaine fait penser immédiatement à la femme qui cherche ouvertement les charmes de la volupté, elle n'est pas nécessairement que cela: elle pourrait tout autant faire penser à la femme qui se cherche un milieu social plus libre et plus favorable pour lutter contre l'asservissement conjugal et domestique et pour y projeter un idéal de constance, de fermeté et de vaillance (*virtus*). Les mouvements féministes contemporains ont déjà mis en circulation un grand nombre de stéréotypes et de caricatures qui leur font tort; il y a tout lieu de croire que les typologies féminines du XVIIe siècle ont souvent été préjudiciables aux féministes des ruelles et des salons et qu'elles continuent même à leur faire tort au déclin du XXe siècle.[7] Il est même réconfortant de penser que la plupart de nos contemporains des deux sexes ont commencé à admettre que "la" féministe militante d'aujourd'hui ne s'est pas nécessairement signalée sur les barricades années 60, n'est pas inévitablement une lesbienne, et qu'elle peut même être une excellente mère de famille.

C'est effectivement à un bel effort de renouvellement des typologies simplistes que Marie-Odile Sweetser s'est attelée depuis quelques années déjà. Dans ce cas, cette tentative porte sur les profondeurs de l'âme féminine, et elle fait appel à des notions psychanalytiques et à des visages transmis par les grands mythes antiques.[8]

L'étude que nous signalons ici rappelle aux dix-septiémistes tout le profit qu'ils peuvent tirer du renouvellement constant des archétypes et des prototypes qui sous-tendent toute création artistique véritable; elle invite aussi les plus "littéraires" parmi les chercheurs, à ne pas minimiser ou mépriser les apports sociaux et culturels qui ont affecté cette création artistique, depuis Euripide et Polyclète jusqu'à Jean-Paul Sartre et Simone de Beauvoir.

Examinant la situation de l'héroïne dans une douzaine d'œuvres, M.-O. Sweetser discerne trois prototypes dans l'archétype de la femme abandonnée. Au point culminant de la crise, celle-ci réagit, dans l'ensemble, conformément à trois modèles antiques: celui de Didon (souffrance indicible; d'où suicide), celui de Médée (obsession de vengeance; d'où, cruauté et monstruosité) et celui d'Ariane (démence inévitable). C'est sur ces données que l'essayiste ébauche la typologie de trois espèces de femmes qui se remarquent particulièrement dans les œuvres de Corneille et de Racine. La citation suivante éclaire la démarche critique de M.-O. Sweetser; du même coup, elle met en évidence la haute importance du fameux débat sur l'infériorité, l'égalité ou la supériorité d'un sexe par rapport à l'autre:

> La fait que Marianne (celle des *Lettres portugaises*) ne sombre ni dans la folie ni dans la mort, comme Ariane, que ni Bérénice ni Pauline ne se suicident, comme Didon, qu'elles ne se vengent pas comme Médée, semble indiquer un progrès dans l'image de la femme présentée à travers la littérature. Cette nouvelle image va dans le sens d'un choix où les facultés supérieures, intelligence et volonté, généralement considérés comme l'apanage de l'homme ou du héros en littérature, jouent un rôle qui leur permet de contrôler passions et sentiments, généralement considérés comme dominant la personnalité féminine. . . Les figures de Marianne, de Pauline et de Bérénice restent celles d'amantes et d'épouse attachées à un amour unique, et répondent ainsi à l'idéal de la femme parfaite selon leur époque. Elles n'envisagent pas une nouvelle vie où elles pourraient mettre en œuvre les ressources intérieures considérables qu'elles possèdent. Si, selon A. Kibédi Varga, le féminisme s'exprime au XVIIe siècle par la mise en question du mariage et le refus de l'amour (pp. 520-21), ces héroïnes ne représentent pas une position féministe.

> Pourtant, la fidélité de la femme, opposée à l'infidélité de
> l'homme, même si elle est douloureuse et requise par au autre devoir,
> constitue une marque de supériorité morale.
>
> A une époque où la structure sociale reste patriarcale, où
> malgré les défenses vigoureuses de la femme, les théories anti-
> féministes demeurent vivances, la création de personnages tels que
> Pauline, Bérénice et Marianne montre à la fois l'attrait de la tradition et
> la faculté de renouvellement d'écrivains sensibles aux réactions de leur
> public qui comprend des femmes. (cf. le témoignage de Corneille dans
> "Au Lecteur" d'*Œdipe*, 1659, *O.C.* p. 566, Genève: Slatkine Reprints,
> 1970)
>
> Si les femmes n'ont pas accès au pouvoir politique réservé aux
> hommes, du moins commencent-elles à participer à celui qui s'exerce, à
> travers l'opinion publique, dans le domaine du goût. (pp. 169-70)

Sans y insister, Marie-Odile Sweetser a bâti son argumentation à
partir de deux observations qu'on est souvent tenté d'oublier ou d'éluder.
La première: un instinct difficilement répressible chez certains, pousse
l'homme vers l'infidélité ou même la polygamie; l'instinct inverse porte la
femme à s'attacher à un amour unique, à observer les préceptes de la fidélité
et à obéir aux exigences de la monogamie. La deuxième observation:
certaines notions de féminisme, à notre époque en particulier, sont si
exiguës et si intransigeantes qu'elles refusent même d'accueillir des
divergences de vues, des nuances et des oppositions internes très
importantes; si le mouvement féministe se fermait délibérément aux opinions
des participantes plus traditionalistes qui cherchent des réformes dans le
cadre des structures sociales existantes, il deviendrait un monstre monolithe
et il serait voué à l'échec. Certains critiques femmes sont surtout sensibles à
cette menace dont certains critiques masculins paraissent parfois
inconscients; elles veillent à ne pas répéter les bévues de leurs confrères!

A partir d'une redécouverte de l'âme féminine, dans les dédales du
discours féminin et de l'écriture féminine, que cherchent les critiques
féministes? Un nouveau langage? Pas exactement. Une nouvelle manière
d'être femme sans se voir constamment ravalée au rôle et aux fonctions
subalternes que leurs confèrent encore les Dictionnaires les plus
perfectionnés. Elles s'efforcent de définir une notion de l'héroïsme féminin
qui soit la leur propre, sans devoir se référer d'abord aux critères et aux
définitions imposés de temps immémorial dans des lexiques de confection
masculine: définition de l'héroïne = femme qui possède les qualités d'un
héros. . . !

La carence lexicographique cache mal un problème éthique de première importance; pour s'en convaincre, il suffisait à Noémi Hepp de consulter, elle aussi, son Furetière. . . Mais, comment combler ce déficit métalinguistique accumulé au long des millénaires des substrats païens et de la culture judéo-chrétienne?[9]

Déjà à l'époque de l'exaltation du héros, une discordance pouvait se percevoir entre la notion d'héroïsme et celle de féminité; et les Dictionnaires du temps entretenaient le malaise et les malentendus qui résultaient de cette discordance. Comment donc la femme du XVIIe siècle, qui désirait ou devait—selon les hommes—être belle, aimable, admirable et sage à la fois, pouvait-elle par surcroît faire preuve de vaillance, de puissance et d'autorité, sans perdre sa féminité? Les tentatives de redéfinition de l'héroïsme féminin faites par le Père Le Moyne et par Pierre Corneille, n'étaient certes pas sans intérêt; elles exaltaient des modèles féminins et virils qui ne pouvaient déplaire ni aux humanistes ni aux moralistes chrétiens. Ces modèles, pourtant, étaient bien exceptionnels et devaient sembler bien factices aux yeux de beaucoup de femmes. En fait, il faut bien admettre que l'idée d'héroïsme féminin était hybride, tendait de plus en plus à échapper à toute définition acceptable, renvoyait à des notions et des valeurs surannées et révélait des failles que la démolition du héros ne tarda pas à accentuer.

De plus, comme le fait observer Noémi Hepp, la notion de femme parfaite infléchit singulièrement celle de la femme héroïque. L'homme n'hésite pas à rappeler par ses actes et par ses paroles qu'il est le médiateur (Adam) entre la divinité et les autres créatures. La femme, elle, en vertu de la morale du secret, doit se contenter de suggérer ses exploits, de laisser deviner ses trésors et de faire preuve de pudeur et de modestie dans ses actes et dans son langage. Il semblerait donc que, paradoxalement, la femme se dénature en quelque sorte quand elle acquiert, possède et exhibe les qualités du héros que les Dictionnaires lui confèrent si elle imite l'homme. Certains malaises sont endémiques; certains malentendus ont la peau dure. . .

A y regarder de plus près, l'idée encore très répandue de l'héroïne "cornélienne" ne s'infléchit-elle pas elle aussi quand on la réexamine dans l'optique féministe? C'est l'expérience que tentent Wolfgang Leiner et Sheila Bayne; ils limitent cette expérience à une seule tragédie, *Cinna,* reconsidèrent les structures internes de la pièce et analysent de nouveau la psychologie d'Emilie, non sans omettre de tenir compte de la vision que l'auteur devait avoir acquise de la femme et de la vision du public auquel

Corneille s'adressait. Comment expliquer et justifier la soi-disant conversion de l'héroïne qui annonce le dénouement et la fameuse scène du pardon?[10]

Il ne suffit pas d'admettre qu'Emile est une femme exceptionnelle et virile; c'est bien son père qu'elle doit venger. Adoptée par le meurtrier de ce père, elle mène en secret la conjuration qui doit détrôner le tyran adoptif, renverser la dictature paternaliste et aider la République à naître. Emilie est sans conteste d'une trempe exceptionnelle aux yeux des autres personnages comme aux yeux de l'auteur et du public. Pourtant, au dénouement, coup de théâtre, revirement de la militante rebelle qui se range au jugement ultime d'un père adoptif abhorré qui l'offre en mariage à un amant médiocre et de mauvaise foi! La plus belle héroïne virile dépendrait-elle encore de "l'autre" pour se valoriser? Doit-elle admettre qu'elle s'est illusionnée—elle a cru accéder à la stature de la femme-sujet—et qu'elle doit bel et bien redevenir la femme-objet, valeur d'échange ou récompense promise et offerte au guerrier si peu admirable qu'il soit?

Les deux exégètes rappellent que c'est René Jasinski qui a eu le mérite de souligner le premier ce lien entre Emilie et les conceptions de l'époque: *"Plus héroïque en apparence que Cinna, Emilie reste marquée par ce qui constitue, selon les conceptions de l'époque, l'inéluctable infériorité féminine"* (p. 155). On a, bien entendu, expliqué autrement le revirement d'Emilie: contagion de la Gloire d'Auguste, contagion de la Grâce divine dispensée d'ores et déjà au futur divin Auguste, miracle, conversion, prise de conscience politique, manœuvre. . . Cependant, ce revirement se justifie tout aussi bien comme un acte de soumission ou de contrition. L'héroïne des cinq actes reprend tout simplement la place que l'époque lui assigne invariablement dans la hiérarchie du patriarcat; par son agenouillement aux pieds d'Auguste, la fille adoptive fait en quelque sorte amende honorable. Subversive, aurait-elle outrepassé ses devoirs et ses droits? Sa transgression lui sera pardonnée, cette fois.

Dans le même ouvrage[11] et pour les besoins de la même cause, Jacques Morel laisse les dramaturges aux prises avec l'horizon d'attente de leur public et de leurs critiques modernes et il se tourne résolument, mais comme à nouveau, vers un auteur qui lui est extrêmement familier et vers la société telle qu'elle peut se voir dans le miroir des *Caractères* de La Bruyère.

Comme il l'a fait en d'autres occasions, Jacques Morel rappelle que La Bruyère n'est le dernier ni à faire valoir les reproches qu'on adresse le plus souvent aux femmes en général, ni à reconnaître qu'elles sont supérieures aux hommes dans certains domaines qu'il ne nous appartient pas d'énumérer ici. Le critique s'attache surtout à souligner les difficultés que ne cesse de poser un auteur qui a l'art de relever les contradictions de son public à mesure qu'il les découvre, et qui manie si habilement le renversement continuel du pour au contre. Somme toute, le lecteur de La Bruyère se trouve en face d'un large éventail de qualités et de faiblesses qu'il est très malaisé de réduire à l'unité. Il constate que l'attitude polémique et satrique de La Bruyère ne l'empêche pourtant pas de prendre position à certains égards; Jacques Morel en donne un exemple qu'il termine prudemment sous la forme d'une question plus hautement significative que beaucoup de jugements à l'emporte-pièce d'autres provenances. La société patriarcale du XVIIe siècle, dans son ensemble, oblige la femme—cet être social par excellence—à remplir des fonctions subalternes et à jouer un rôle difficile; cette société "condamne la femme à n'être pas, ou à devenir un homme, ou à jouer les idoles. Ce mensonge général sur la femme n'est-il pas à la source de tous les mensonges de la femme?" Cette question très pertinente aide à remettre sur le métier un bon nombre d'idées reçues et de notions acquises de longue date. Le critique conclut en effet qu'il faut lire et relire La Bruyère dans une optique double: celle qui est de nature mondaine ou satirique, et celle qui tient compte des préoccupations morales ou théologiques de l'auteur. Dans cette double vision, La Bruyère dénoncerait "l'inégalité de l'homme et de la femme qui perpétue, en toute bonne conscience, la société de son temps, et ferait le vœu de voir s'y substituer l'harmonie paulinienne de la soumission et de la protection, formes complémentaires du respect mutuel" (p. 108).

Dans l'ouvrage qui fait suite à celui-ci[12], comme Noémi Hepp, Wolfgang Leiner et Sheila Bayne, Marie-France Hilgar creuse, elle aussi, l'idée d'héroïsme telle qu'on l'applique d'habitude aux représentants des deux sexes sans même se rendre compte des malentendus qu'elle provoque et de l'inégalité des droits sur laquelle elle repose. Elle insiste sur le fait déplorable que le même vocable (héroïsme) recouvre deux acceptions le plus souvent diamétralement opposées selon qu'il désigne un comportement féminin ou une éthique masculine. Elle constate qu'au XVIIe siècle, la femme dite héroïque joue souvent un rôle attendrissant mais secondaire, pour ainsi dire décoratif, sans autonomie et sans dynamisme véritable. A la limite, on peut concevoir un Rodrigue accédant à la gloire sans sa Chimène et un Hamlet gravissant son calvaire sans son Ophélie, mais l'inverse ne se vérifierait pas. Chimène pas plus qu'Ophélie n'auraient d'histoire si celle-ci ne s'inscrivait pas dans l'épopée du Cid et dans le pèlerinage du prince danois. Marie-France Hilgar est-elle vraiment persuadée de ce qu'elle avance là, sous la plume de Lee R. Edwards, dont elle affirme qu'il "résume fort bien la dichotomie fondamentale"? (p. 21) Nous espérons qu'elle a changé d'avis depuis la rédaction de ces lignes et qu'elle a puisé d'autres arguments que ceux de Lee R. Edwards. Ophélie sans Hamlet? Qui sait? Elle avait beaucoup à apprendre à certains doctes intransigeants. . .

Avant de clore ce chapitre, il nous appartient encore de jeter un coup d'œil sur deux aspects en apparence disparates de la production littéraire du XVIIe siècle. Nous les présentons sous la forme d'un diptyque que les représentants de la critique rénovée ne désavoueraient pas. Dans le premier volet, une notion très particulière de l'héroïsme féminin se dégage pour ainsi dire tout naturellement d'un cadre comique et même burlesque; il sera question du *Roman comique* de Scarron. Dans le deuxième volet, le mythe de l'androgyne se dessinera en filigrane dans les rêves diurnes et nocturnes de certains auteurs de romans utopiques de la fin du siècle.

A l'encontre de nombreux critiques qui tiennent à souligner l'opposition des termes "héroïque" et "comique", Yves Giraud met en relief le produit de leur convergence insolite dans l'œuvre de Scarron.[13] Selon cet exégète, l'image de la femme qui ressort du *Roman comique* réconcilie l'idéalisme précieux et le romanesque galant d'une part, et de l'autre, le réalisme cru des appels et des exigences de l'instinct sexuel. La femme joue un rôle clef dans cette conjoncture heureuse de deux notions que l'on juge d'habitude contraires ou contradictoires: celle de la passion héroïque exaltante et celle de l'amour vrai tel qu'il peut être vécu. Le sentiment que cette femme inspire chez son partenaire est basé sur le désir sincère de partager avec lui une pure tendresse qui prend sa source dans la connaissance de soi et dans la connaissance de l'autre. Dans l'ensemble de la narration, "les personnages féminins contribu(ent) à situer l'œuvre dans un registre moyen, alliant les éléments idéalisés aux aspects 'réalistes', et le rôle clef qui était dévolu à ces femmes qui tiennent à la fois de l'héroïque et du comique" (p. 56).

Or, ce sont des femmes de théâtre que le romancier saisit dans leurs activités professionnelles et dans leurs relations affectives. La "franche marmousette" s'y frotte à la "visible Déité"; la femme enfant y voisine avec la rouée. Inspirant à la fois le désir et le respect, la femme est tantôt un objet de conquête, de jalousie ou de violence tantôt un objet de vénération et de passion noble. Elle continue à sonder l'autre sur ses sentiments profonds, et elle ne cesse de le mettre à l'épreuve, mais elle s'offre à lui avec moins de réticences et de pudeur que la plupart des héroïnes romanesques et des raisonneuses de la ruelle. Fait curieux: la tentation de l'infidélité n'effleure même pas certaines d'entre elles. La liaison entre Destin et L'Etoile montre que le romanesque et le réel ne sont pas incompatibles dans l'amour vrai, partagé, basé sur la connaissance. Dans cette optique, et dans ce milieu théâtral et artiste, préciosité et vérité, loin de s'exclure, se complètent dans des unions où la femme et l'homme trouvent des satisfactions authentiques.

L'Astrée figurait un vaste théâtre où des êtres désincarnés s'offraient en spectacle et se refusaient les uns aux autres, pour la plupart; les débats de la ruelle étaient peut-être de petits théâtres où des idéalistes jouaient des rôles de consolation qui leur permettaient de se décontracter quelque peu. L'héroïsme astréen et précieux, en général, menait à l'illusion et à l'échec; l'héroïsme comique de Scarron conduit des actrices à des réussites moins ambitieuses mais plus réconfortantes; le romancier est parvenu à faire sortir ses femmes des fastes du spectacle et de la pénombre des alcôves.

Il n'en fut pas de même pour les auteurs de romans utopiques. Ici, c'est de nouveau à Pierre Ronzeaud que nous donnerons la parole.[14]

Le critique limite son étude à des œuvres de Denis Peiras, Claude Gilbert, Person de Lesconvel, Fénelon, Tyssot de Patot, Cyrano de Bergerac et Gabriel Foigny. Le genre de l'utopie a-t-il jamais vraiment intéressé ou même attiré les femmes? Nous gagerions que non!

En général, quand il confie un rôle à la femme dans les projections individuelles ou collectives de ses univers imaginaires, l'homme tend à définir sa partenaire en fonction de sa nature propre ou en vertu des fonctions qu'elle exerce ou qu'elle est appelée à exercer. Paradoxalement, ce sont ces dernières qui intéressent surtout les créateurs de mondes imaginaires. C'est donc le rôle de la femme dans la vie sociale qui requiert surtout l'attention des auteurs que Pierre Ronzeaud considère.

Sans identité personnelle autonome, la femme apparaît dans ces œuvres, surtout en qualité d'épouse et de mère dans des Etats planifiés et codifiés et dans des collectivités qui varient en raison de facteurs multiples et très divers. C'est ainsi que, dans certains Etats, la monogamie imposée dans un but eugénique peut très bien voisiner avec des pratiques polygames en fonction de certains privilèges accordés à quelques-uns dans la hiérarchie patriarcale. Que le système soit monogame ou polygame, la femme est un bien matériel ou une propriété; elle sert surtout de véhicule au processus de la reproduction de l'espèce et à celui de la reconduction de l'autorité paternelle. Si l'adultère tend à être condamné et même sévèrement réprimé partout, le divorce, lui, est parfois autorisé et réglementé—en cas de stérilité, par exemple. Dans tous les cas, le couple utopien est gouverné par le mâle qui a seul le droit d'être polygame et se réserve le droit et l'initiative du choix de la partenaire.

Selon Pierre Ronzeaud, l'innovation de certaines utopies concerne le rôle militaire de la citoyenne. Person de Lesconvel, comme Platon, va jusqu'à prescrire un entraînement militaire identique pour les deux sexes. Cyrano, fasciné par le mythe de l'androgyne, envisage une collectivité qui réunit les deux sexes dans une surréalité peuplée d'êtres immortels, qui sont le produit de cette fusion. Ce rêve est d'autant plus intéressant qu'il implique non seulement la fusion des deux biologies—ce qui suppose qu'elles sont complémentaires—mais aussi la virilisation de la femme et la féminisation de l'homme. Le principe de l'altérité sexuelle est donc préservé, mais il ne se propose que dans la perspective d'un mythe digne de nier cette altérité. L'androgyne cyranien prend parfois la forme de la fusion hermaphrodite-mère que P. Ronzeaud qualifie de "troublante liaison entre l'Œdipe et le refus de la différence des sexes *vécue comme un déchirement*" (p. 96), au même titre que l'androgyne de Foigny qui renvoie lui aussi à l'unité, mais par la fusion du père et de la fille.

Pierre Ronzeaud constate donc dans les œuvres qu'il passe en revue, ce qu'il appelle "la nostalgie de l'unité"; il distingue deux niveaux, celui de la "réalité utopienne" et celui du "mythe utopique". "Le premier nous offre une image de la condition féminine bien peu dégagée des habituels préjugés et victime d'un asservissement à une nouvelle législation au moins aussi aliénante, pour la femme individuelle, que la pratique européenne misogyne. Malthusianisme, natalisme, eugénisme. . ." (p. 96). Par contre, au second niveau et dans l'allégorie de l'androgyne, on peut deviner "la nostalgie d'un Ailleurs encore plus lointain où les sexes seraient unis dans une complémentarité parfaite" (p. 97).

Comme on le sait, une avant-garde intellectuelle de la critique féminine et féministe s'est emparée de préoccupations de ce genre, en a fait d'intéressants sujets de recherches et continue à en faire des objets de débats qui passionnent les psychanalystes et les psychologues un peu partout dans le monde. Quant à nous, nous nous intéressons à ces enquêtes à titre personnel, mais sans aller jusqu'à prétendre que nos connaissances acquises doivent être partagées avec nos lecteurs; ils savent parfaitement où se documenter.

Conclusions

EN DEPIT DU DISCREDIT DANS LEQUEL certaines de ses adeptes ont fait tomber le mouvement précieux, celui-ci doit être considéré comme un important foyer de rayonnement d'idées féministes au XVIIᵉ siècle. Ce mouvement qui atteignit son apogée vers le milieu du siècle, avait été préparé, souhaité et même annoncé dès le siècle précédent dans un public féminin friand de lectures romanesques et de divertissements de société. Certains facteurs constitutifs y ont convergé assez tôt dans le premier demi-siècle: une quête spirituelle fondée sur des besoins religieux à l'origine et renforcée par des théories néo-platoniciennes à la mode, un profond désir de partager le savoir des hommes, un impérieux besoin égalitaire dans les rapports avec les hommes et dans l'exercice de certains droits niés au sexe faible, la crainte ou le dégoût du mariage tel qu'il se pratiquait, le refus de l'amour physique et de la servitude sexuelle conjugale. Parmi les principaux, ces facteurs encouragèrent les femmes à chercher des codes moraux et sociaux nouveaux basés sur ce qui s'appelait l'honnête amitié ou sur le *modus vivendi* de la galanterie permise et conforme aux règles de la bienséance; ce faisant, ces femmes ne pouvaient manquer de s'aliéner la sympathie de certains maris et risquaient même de s'attirer l'hostilité de beaucoup de bien pensants. En fait, ces mécontentes réexaminaient les valeurs morales et les structures sociales mises en cours depuis des siècles par les hommes; à leur insu ou de propos délibéré, elles osaient mettre en question les plus vieilles traditions dans lesquelles s'ancrait un pouvoir patriarcal abusif et décadent. Il n'est pas étonnant que les précieuses aient provoqué tant de remous dans l'opinion publique et se soient créé tant de détracteurs parmi les hommes surtout.

Très tôt dans le siècle, d'abord par le truchement des interminables joutes oratoires des romans à la mode, ensuite dans les conversations animées des salons et des alcôves et, plus tard encore, au sein des cercles mieux informés, de vifs débats s'engagèrent sur un grand nombre de sujets tels que l'amour platonique en face des exigences sexuelles de l'homme, le mariage arrangé, forcé ou consenti, la nécessité et la validité des règles de la bienséance, les limites de la galanterie, toutes les formes de servitude conjugale ou familiale, le raffinement du goût, des manières et du langage, la participation des femmes aux controverses habituellement masculines sur des sujets d'ordre sémantique, stylistique ou esthétique.

Il convient toujours de replacer ce large éventail de sujets dans le contexte d'un malaise moral et social qui affectait beaucoup de femmes de l'époque; elles se sentaient inférieures à leurs partenaires du sexe fort, moins compétentes et moins préparées qu'eux, et, surtout moins naturelles et désinvoltes que les doctes qui prétendaient être leurs maîtres à penser. Certaines des candidates les plus médiocres étaient méfiantes, se tenaient sur la défensive et devaient même recourir à des procédés peu louables en soi—l'affectation, par exemple—pour impressionner favorablement la galerie. Au cœur du malaise féminin et sous les maladresses et les aspects franchement ridicules du comportement social, la femme—la précieuse, surtout—trahit ou exprime gauchement une soif véritable de savoir, de s'émanciper et de parvenir à devenir un jour l'égale de l'homme. Elle a besoin d'une liberté qu'elle définit encore mal; elle se cherche un milieu favorable, compréhensif et accueillant. Dans le réel et dans le vécu du quotidien, la femme se sent entourée de tabous qui l'emprisonnent; elle sait mal à quelles portes elle devrait frapper, elle s'obstine à essayer d'ouvrir des portes qui lui restent fermées; il lui arrive même de se faire agressive pour pratiquer quelques infimes brèches dans une société masculine monolithe et misogyne. Dans son inexpérience, la femme commet ainsi des erreurs de jugement et des maladresses de goût dont ses adversaires (y compris les jalouses) se saisissent pour les tourner en dérision. L'émancipation et l'initiation à la connaissance sont des jougs lourds à porter et humiliants, au même titre que la servitude conjugale, filiale et domestique. La femme se cherche donc dans un milieu défavorable, indifférent, hostile même; elle a tout à apprendre, y compris la confiance en soi.

A mesure que les idées féministes sortent de leur gangue, c'est pourtant autour du problème du mariage que se crée peu à peu le consensus des mécontentes; le problème de l'éducation féminine ne tardera pas à se poser avec acuité, lui aussi. Dans l'immédiat, les griefs et les revendications s'élaborent dans les ruelles précieuses: la traite des filles et des femmes par les pères et les maris, les grossesses successives, les suites fâcheuses de certaines relations sexuelles, le divorce—la séparation des corps, des âmes, des biens—, les longues fiançailles, les mérites de la chasteté et de l'abstinence, l'inconduite et les infidélités des hommes, l'adjudication plus équitable des responsabilités des conjoints vis-à-vis des enfants, l'avortement—dont on ne parle qu'à mots couverts et allusions—. . . Autant de sujets interdits qui postulent et entretiennent le mystère dont ils s'entourent, pour ainsi dire, "par définition". Le principe de la table rase n'est admis que par une élite masculine qui s'efforce de le mettre en pratique en secret; ce principe, mis en veilleuse dans l'attente de conjonctures plus favorables, est strictement interdit aux femmes, en tout cas!

Une avant-garde féministe a existé vers le milieu du XVIIe et après; mais elle n'est parvenue ni à faire valoir ni à partager ses projets de réformes auprès de la majorité des contemporains, hommes et femmes aussi bien. Mais son influence bénéfique s'est manifestée dans le comportement et dans les activités de certaines dames privilégiées de la cour et de la ville dans le domaine des lettres et dans celui des arts, notamment. D'autre part, en matière d'éducation et de bienfaisance, l'Eglise n'a pas été la dernière a épouser la cause des victimes de la tyrannie patriarcale, si paternaliste qu'elle ait cru devoir se faire dans certains moments de crise. La préciosité a essayé d'ensemencer des terres incultes et particulièrement arides qu'elle a rendues un tant soit peu plus labourables par des générations à venir. Son échec ne s'entoura même pas de la gloire qu'on décerne aux beaux gestes inutiles. . . Le mouvement précieux semble s'être résorbé de lui-même dans les travers dont on l'a accusé: l'existence en vase clos, la propension au verbiage, le recours abusif aux feux d'artifices; et les quolibets des détracteurs, des médisants et des jaloux ont hâté son déclin.

Molière n'a évidemment pas manqué d'observer et de ressentir le malaise qui régnait parmi ses contemporaines. Sans être nécessairement leur porte-parole, il les a laissé et il les a fait parler sur la scène et il les a même fait agir dans des situations difficiles dont elles se tiraient avec brio et souvent même avec éclat. Il n'a pas hésité à les railler quand elles le méritaient, ni à les prendre très au sérieux quand il devait leur prêter une oreille attentive. Parmi leurs griefs, le dramaturge a surtout bien saisi l'importance de ceux qui avaient trait au grave problème de l'hymen. S'il a été plus réticent dans le domaine de leur éducation, il a pourtant posé la liberté en principe de toute émancipation valable. Ses *Ecoles* sont des plaidoyers éloquents et convaincants; d'autre part, il nous a laissé d'admirables portraits de femmes instruites et sages dont nous apprécions encore la sûreté du jugement et du goût. Quant aux jeunes et tendres victimes de la tyrannie des pères et des tuteurs, elles ont dû l'émouvoir lui-même pour les laisser nous émouvoir à notre tour. Il nous a mis en alerte contre les dangers inhérents à l'immobilisme social, à l'inertie institutionnelle et à l'attachement aveugle à un passé révolu. Il a dû savoir que dans le statu-quo qui persistait, la femme avait encore beaucoup à perdre avant de voir s'accroître ses hasards de gain. Il n'a pas toujours été tendre envers les femmes; ses tréteaux abondent en mégères, en épouses querelleuses, acariâtres ou carrément hypocrites, en coquettes sans aveu, en prudes rébarbatives, en précieuses ridicules et en fausses femmes savantes. Mais, à leur défense parfois, il a souligné la laideur de certains inculpés dont il a prouvé qu'ils étaient en réalité des coupables—les vrais coupables: ses barbons aberrants, ses vieillards débiles et concupiscents, ses pères et ses tuteurs dénaturés, ses maris séniles, hébétés et tyranniques, ses Pygmalions bouffons et sinistres à la fois, bref, un patriarcat complexé et décadent. L'homme de Molière s'obstine à vouloir créer ou recréer la femme à son image; et son imagination en délire lui fait accroire qu'il y parviendra. Peut-on s'imaginer une femme à l'image de cet homme?

D'autres observateurs des mœurs du temps—femmes et hommes— ont analysé le malaise moral et social qui affligeait la condition féminine au XVIIᵉ siècle. Leurs témoignages personnels, en poésie comme en prose, sont très divers; on les relit avec une curiosité et un intérêt nouveaux. Ici, il convient de faire la part des choses: si l'œuvre romanesque de Madeleine de Scudéry s'inscrit nettement dans le cadre de la préciosité, beaucoup d'autres contributions mondaines débordent largement le mouvement des ruelles et ouvrent des perspectives plus vastes sur l'histoire de la femme telle qu'elle se reflète dans l'histoire particulière de certaines femmes assez exceptionnelles. Qu'il s'agisse de certaines poétesses, de Madame de Villedieu, de Madame de Sévigné ou de Madame de Lafayette, l'analyse et la réflexion renvoient aux grands sujets des débats d'alcôve, mais ce sont les solutions et les remèdes individuels de ces femmes qui nous intéressent surtout. Les sujets de controverses habituels (amour et mariage, bienséance et galanterie, passion et raison, recours à la contemplation ou à l'engagement social et à l'écriture, valeur de la retraite et vicissitudes du veuvage. . .), tous ces sujets et d'autres encore ne sont plus posés dans le vide des conversations enjouées ou sérieuses, mais ils sont vécus dans le concret d'une existence qui se fait au fur et à mesure des difficultés rencontrées (accomplissement fidèle et lucide de certains devoirs, refus des remèdes faciles, héroïsme quotidien, retour à des notions traditionnelles de vaillance, de sacrifice et d'abnégation). Qu'ils soient précieux ou non, féministes ou pas, la question n'est pas là; elle porte sur la qualité du témoignage féminin exemplaire. Mais les plus beaux de ces témoignages personnels laissent encore percevoir les échos du malaise qui ronge la condition féminine dans son ensemble.

Alors même que les précieuses et les femmes qui aspiraient au savoir promouvaient maladroitement leur éducation à venir, des praticiens, des théoriciens, des esprits sérieux, des penseurs, des moralistes et des ecclésiastiques plus éclairés que beaucoup d'autres, épousaient peu à peu la cause des femmes et s'efforçaient de les aider dans leur pèlerinage. Ce n'est toutefois que dans le dernier quart du siècle et après des tentatives admirables au degré élémentaire en milieu catholique et beaucoup trop limitées au degré moyen dans ce même milieu, que certains défenseurs audacieux entrèrent en lice et proposèrent des réformes fondamentales. Parmi les moins timides et les plus organisés de ces partisans de l'éducation féminine, c'est incontestablement à Poullain de la Barre et à ses collaborateurs que revient la palme. Cette fois, l'ancienne Querelle des femmes se ranimait enfin sous de meilleurs auspices que les escarmouches et les fausses querelles du passé ne permettaient de l'espérer: ces réformes devaient affecter des filles et des femmes de conditions sociales très variées. Un disciple de Descartes osait enfin se prononcer en faveur de la modernité et créer des programmes adéquats. L'égale de l'homme allait-elle enfin accéder aux plus hautes sciences dont ce dernier s'était toujours attribué l'apanage?. Les théories étaient miroitantes; des cercles et des académies s'ouvrirent, où les femmes ne se sentaient pas tolérées comme des élèves de second rang. Au bout du compte, cependant, le réformateur se découragea; les pouvoirs publics et ecclésiastiques ne soutenaient pas sa noble entreprise, et, qui plus est, l'indifférence ou l'hostilité des hommes et de certaines femmes la compromettaient sérieusement. L'Ancien Régime et un patriarcat foncièrement misogyne, toujours soucieux de réprimer les Frondes, œuvraient dans le sens inverse de cette entreprise moderniste et par conséquent suspecte. Peut-on s'imaginer une Fronde nouvelle—celle des Femmes et des Filles. . . ? Le Régime et le patriarcat ne pouvaient favoriser que les timides tentatives de réforme venues de l'intérieur des structures politiques et sociales existantes. Celles de Fénelon et de son amie semblent bien rétrogrades en comparaison de celles de Poullain. Une fois de plus, le statu-quo devait être maintenu, et la question de l'émancipation

intellectuelle des femmes devait être renvoyée à la prochaine séance des
notables, à une date indéterminée—c'est-à-dire, sous un autre Régime. . .

Depuis que Molière a distingué les véritables précieuses de leurs
imitatrices et les vraies femmes savantes des fausses, les critiques ne cessent
de s'interroger sur ce qu'il a voulu dire. Par bonheur, dans la perspective
du féminisme, cette controverse a perdu beaucoup de son importance; on
peut même affirmer que l'équivoque qui a résulté de cette distinction, a été
transcendée: ce qui importe avant tout, c'est de se souvenir que Molière a
joué un rôle éminent en se prononçant, comme il l'a fait, très nettement en
faveur de l'émancipation de la condition féminine. L'optique féministe a
élargi beaucoup de perspectives, enlevé des œillères et ouvert des horizons
insoupçonnés. On relit sans cesse et comme avec des yeux neufs des
auteurs que l'on croyait avoir bien lus et bien compris, une fois pour toutes;
on y découvre des questions et des réponses nouvelles et des aspects
auxquels on n'avait pas pensé ou qu'on estimait secondaires ou négli-
geables. Les Grands Classiques eux-mêmes sortent comme rajeunis de ces
réexamens dont certains sont inattendus et même insolites; en fait, on se
méfie des anachronismes qui sont parfois la rançon des changements et des
renversements des perspectives. On creuse de nouveau tout ce qui a trait à
cette notion toujours vague: l'Héroïsme féminin. On se demande sérieusement en quoi consiste cette Ecriture féminine dont on parle tant
aujourd'hui. Et que penser du Discours féminin? Pour ce qui est de
l'Inconscient féminin, il est à l'ordre du jour dans les milieux les plus
compétents de Paris et d'innombrables autres foyers de culture. Les
recherches sont devenues ici, interdisciplinaires, là pluridisciplinaires, là
encore multidisciplinaires. . . Le critique littéraire, le sociologue, l'historien,
l'historien des idées, le statisticien s'empressent de consulter le médecin, le
biologiste, le psychologue et le psychanalyste; quant au philosophe et au
théologien, il semblerait qu'ils ont toujours eu voix au chapitre, surtout s'ils
ne sont pas intransigeants. . . Les Congrès des dix-septiémistes sont pour
ainsi dire des assemblées internationales ou universelles. Il faut bien
l'admettre, ces colloques et ces consultations incessantes mènent parfois à
un état de confusion; mais cet état n'a rien d'alarmant, et les critiques à venir
sauront en tirer parti.

La préciosité a fait son temps. Elle a semé à tout vent et dans des
terres particulièrement arides; le mouvement féministe a irrigué ces terres
desséchées, les a rendues un peu plus labourables et a permis à certaines de

ces graines de germer. Elle a joué un rôle marquant dans l'histoire à peine entamée du féminisme universel.

En conclusion du Colloque de 1984 (Paris)[1], Georges Livet esquissait la "géographie féminine" de trois siècles dont le XVIIe est le pivot; il citait un raccourci perspicace et assez heureux de Mariella Righini pour illustrer les trois étapes successives que le féminisme a dû franchir: dans la première la féminité fut "subie comme un handicap. Au nom de son infériorité"; dans la deuxième, cette féminité fut "estropiée. Au nom de l'égalité"; dans la troisième, enfin, elle commença à être vraiment "revendiquée. Au nom de la différence". On ne pouvait mieux conclure.

Notes

Introduction

[1]Domna C. Stanton, *The Aristocrat as Art,* Columbia University Press, New York, 1980, p. 29.

[2]*La Préciosité: étude historique et linguistique,* Droz, Genève, 1966.

Aperçu Historique

[1]Stanton, *op. cit.,* pp. 26-30 et p. 229, n. 29.

[2]*XVIIe Siècle,* 1975, no 108, "La Femme au pouvoir ou le monde à l'envers", pp. 9-33.

[3]Pierre Le Moyne. *La gallerie des femmes fortes.* Antoine de Sommaville, Paris, 1647.

[4]*XVIIe Siècle,* 1975, no 108, p. 26.

[5]*Traité de la morale et de la politique* par G.-S. Aristophile, chez B. Vigneur, Lyon, 1693.

[6]*La Femme à l'époque moderne, XVIe-XVIIe,* Actes du Colloque de 1984, Bulletin no 9, Paris, P.U.P.S.,1985, "Les femmes dans les révoltes populaires", pp. 56-73.

[7]*La Femme à époque moderne, XVIe-XVIIe,* Ibid., "La femme dans l'art français du XVIIe siècle", pp. 83-92.

[8]Ibid., pp. 5-27.

[9]Ibid., pp. 29-44.

[10]Ibid., pp. 45-56.

[11]Hachette, Paris, 1984, VI, "Les femmes et le diable", pp. 219-63.

Chapitre I

[1]*L'Esprit créateur,* Summer, 1983, Vol. XXIII, n° 2, "Woman as object and subject of exchange: Marie de Gournay's *Le Proumenoir* (1594)", pp. 9-25.

[2]Ibid., pp. 26-36.

[3]*L'Astrée* précédé de "Le Serpent dans la bergerie", Gérard Genette, 10/18, Paris, 1964. C'est à cette sélection aisément accessible et en français moderne que nous renvoyons nos lecteurs.

[4]*La Pretieuse ou le mystere des ruelles.* éd. Emile Magne, 2 vol., Société des Textes Français Modernes, Droz, Paris, 1938. N.B. dans nos références, le chiffre romain renvoie à cette édition. Nous conservons l'orthographe de l'original pour bien distinguer le roman du mot usuel employé dans l'exposé.

[5]Sonnet: AUX PRECIEUSES

> Courtisanes d'honneur, putains spirituelles,
> De qui tous les péchés sont des péchés d'esprit,
> Qui n'avez du plaisir qu'en couchant par écrit,
> Et qui n'aimez les lits qu'à cause des ruelles;
>
> Vous chez qui la nature a des fleurs éternelles,
> Précieuses du temps, mes chères sœurs en Christ,
> Puisque l'occasion si justement vous rit,
> Venez dans ce bordel vous divertir, mes belles.
>
> Si l'esprit a son vit aussi bien que le corps,
> Votre âme y sentira des traits et des transports
> A faire décharger la femme la plus froide;
>
> Et si le corps enfin est par l'amour fléchi,
> Ce livre en long roulé, bien égal et bien roide,
>   Vaudra bien un godemichi.

—Extrait du "Bordel des Muses", *Le Cabinet secret du Parnasse,* éd. Louis Perceau, Cabinet du Livre, Paris, 1935. Cet ouvrage porte en sous-titre "Recueil de poésies libres, rares ou peu connues, pour servir de

Supplément aux Œuvres dites complètes des poètes français: Théophile de Viau, Le Sieur de la Ronce, Guillaume Colletet, Le Sieur de La Porte, Jean de La Fontaine, Saint-Pavin, Claude Le Petit, le Chanoine Maucroix, l'Abbé de Chaulieu". —On a l'embarras du choix! Louis Perceau attribue la paternité de ce sonnet anonyme à Théophile de Viau.

⁶*Madeleine de Scudéry,* Twayne Publishers, Boston, 1978.

⁷*Onze nouvelles études sur l'image de la femme dans la littérature française du dix-septième siècle,* éd. Wolfgang Leiner, Gunter Narr, Tübingen/Jean-Michel Place, Paris, 1984, p. 88.

⁸*An Anthology of Seventeenth Century French Lyric Poetry,* Oxford University Press, Clarendon French Series, 1966.

⁹*Anthologie poétique française, XVIIᵉ siècle,* éd. Maurice Allem, 2 vol., Garnier-Flammarion, Paris, 1965-66 ("Elégie", II, p. 139).

¹⁰*Anthologie de la poésie baroque française,* 2 vol., Bibliothèque de Cluny, Armand Colin, Paris, 1961. Le choix abondant de J. Rousset se répartit comme suit: T.I, pp. 137-39, 161, 162-63, 226-27; T. II, pp. 229, 230-31, 232-34, 236-37. Nous nous sommes permis de moderniser légèrement l'orthographe de cette édition.

¹¹*L'Esprit créateur,* op. cit., "Tender Economies: Mme de Villedieu and the Costs of Indifference", pp. 80-93.

¹²Sophie et Didier Decaux, *La France et les Français au temps des précieuses,* J. C. Lattès (Histoire), Paris, 1982, p. 386.

¹³*Papers on French Seventeenth Century Literature,* nº 10/2, (Actes de Toronto), Tübingen, 1978-79, "La Mort dans l'œuvre de Madame de Lafayette", pp. 89-119.

¹⁴*Onze Etudes sur l'image de la femme dans la littérature du dix-septième siècle,* op. cit., "La Veuve au dix-septième siècle", pp. 165-81.

Chapitre II

¹*Molière et Le Misanthrope,* Armand Colin, Paris, 1951.

²Molière, *Œuvres complètes,* éd. Georges Mongrédien, 4 vol., Garnier-Flammarion, Paris, 1964.

³*Héroïsme et galanterie: L'Abbé de Pure, témoin d'une crise, 1653-1665,* éd. Neaman, Sherbrooke, Québec, 1977.

⁴Elvire jouit d'une liberté peu commune et elle a la faculté de choisir: obéir ou désobéir à son père, bien traiter son amant ou le maltraiter.

Son délit est flagrant: elle contredit ses principes; elle impose sa liberté propre à son amant.

[5]Cf. *Zélinde ou la Véritable Critique de L'Ecole des femmes,* de Donneau de Visé; *Le Portrait du Peintre ou la Contre-critique de L'Ecole des femmes,* de Boursault; *L'Impromptu de l'hôtel de Condé,* d'A.-J. Montfleury; *L'Impromptu de Versailles,* de Molière, en réponse à celui de Montfleury, etc. Un jour verra pourtant paraître le *Panégyrique de L'Ecole des femmes,* auquel succéderont d'autres textes en faveur de Molière.

[6]Dans *L'Impromptu de Versailles* (1663) qui fait suite à *La Critique de L'Ecole des femmes* de la même année, l'auteur confie le rôle de "soubrette précieuse" à Mademoiselle Hervé et lui indique qu'elle doit donc être celle "qui se mêle de temps en temps de la conversation, et attrape, comme elle peut, tous les termes de sa maîtresse" (sc. 1, p. 154).

[7]Cf. la première présentation d'Elmire que fait Madame Pernelle, Acte I, sc. 1.

[8]Cf. Carolyn C. Lougée, *Le Paradis des Femmes: Women, Salons and Social Stratification in Seventeenth Century France,* Princeton University Press, 1976.

[9]*Onze Etudes sur l'image de la femme dans la littérature française du six-septième siècle,* op. cit., "Molière et les *Femmes savantes,*" pp. 71-77.

[10]Comme d'autres critiques, au sujet des *Femmes savantes,* Jacques Truchet se pose la question de savoir pourquoi Molière n'a pas pris parti en faveur des vraies savantes, comme la Reine de Suède, Anne-Marie Schurman et Madame de la Sablière. Il avait déjà plaidé la cause de l'éducation féminine dans ses *Ecoles.* La réponse, il la trouve dans le fait que chaque comédie à ses propres exigences, ses lois internes et son code particulier. Molière obéit d'abord aux exigences du bon fonctionnement de chaque pièce et à celles du spectacle qui doit passer la rampe. (Ibid.)

Chapitre III

[1]*La Femme à l'époque moderne, XVIe-XVIIIe,* op. cit., "La femme et la religion en France, en milieu catholique", pp. 29-44.

[2]*L'Egalité des deux sexes* (1673), Arthème Fayard, Paris, 1984; *De l'Education des dames pour la conduite de l'esprit dans les sciences et dans les mœurs, Entretiens.* (1674), éd. Bernard Magné, Université de Toulouse Le Mirail, s.d.

[3]*La Femme au XVIIe siècle,* Jules Tallandier, Paris, 1929.

[4]*Les Champions des femmes. Examen du Discours sur la supériorité des femmes, 1400-1800,* Presses de l'université de Québec, Montréal, 1977.

[5]*De l'Education des filles* (1687), éd. Emile Faguet, Paris, 1933. Cf. une étude intéressante de l'historienne Carolyn C. Lougée: "Noblesse, Domesticity and Social Reform: the education of girls by Fénelon and Saint-Cyr", *History of Education Quarterly,* Vol. XIV, Spring 1974.

[6]Lougée, *Le Paradis des femmes,* op. cit., p. 97.

Chapitre IV

[1]*La Femme au XVIIe siècle: ses ennemis et ses défenseurs,* éd. Jules Tallandier, Bibliothèque "Historia", Paris, 1929. N.B. Parmi d'autres pionniers, nous devrons nous contenter de mentionner ici: Antoine Adam, Georges Ascoli, René Bray, Maurice Gaiffe, Roger Lathuillère, Maurice Magendie, Emile Magne, Georges Mongrédien, dont les travaux sont restés le fondement des enquêtes récentes.

[2]*Héroïsme et galanterie: L'Abbé de Pure, témoin d'une crise, 1653-1665,* op. cit.

[3]*Precious Women, A Feminist Phenomenon in the Age of Louis XIV,* Basic Books, Inc., New York, 1974.

[4]*Le Paradis des Femmes: Women, Salons and Social Stratification in Seventeenth Century France,* op. cit.

[5]Martha Ellis François, *History: Reviews of New Books,* HELDREF Publications, Washington, D.C., 1977 (extraits: notre traduction).

[6]Clarendon Press, Oxford University Press, 1977.

[7]Dans cette fin de siècle, on parle de plus en plus "des féminismes" contemporains. Le nombre pluriel s'impose dorénavant dans les milieux intellectuels où se poursuivent les recherches et les expériences les plus significatives. A ce sujet, c'est avec grand profit qu'on pourra consulter un ouvrage récent: *New French Feminisms,* Marks, Elaine et de Courtivron, Isabelle, éd., Schocken Books, New York, 1981.

[8]*Papers on French Seventeenth Century Literature,* n° 10/1, 1978-79, "La Femme abandonnée: esquisse d'une typologie", pp. 143-78.

[9]*Onze Etudes sur l'image de la femme dans la littérature française du dix-septième siècle.* op. cit., "La Notion d'héroïne", pp. 11-24.

[10]Ibid., "*Cinna* ou l'agenouillement d'Emilie devant la clémence d'Auguste", pp. 147-63.

[11]Ibid., "La place de la femme dans Les *Caractères* de La Bruyère", pp. 99-109.

[12]Ibid., "Héroïnes tragiques, héroïnes bourgeoises: variations sur une même image", pp. 13-23.

[13]*Onze nouvelles études sur l'image de la femme dans la littérature française du dix-septième siècle,* op. cit., "Image et rôle de la femme dans le *Roman Comique* de Scarron", pp. 55-70.

[14]*Onze Etudes sur l'image de la femme dans la littérature française du dix-septième siècle,* op cit., "La femme dans le roman utopique de la fin du XVIIe siècle", pp. 79-98.

Conclusions

[1]*La Femme à l'époque moderne, XVIe-XVIIIe,* op. cit., p. 95.

Bibliographie

Allem, Maurice, éd. *Anthologie poétique française, XVIIe siècle,* 2 vol., Garnier-Flammarion, Paris, 1965-66.

Angenot, Marc, *Les Champions des femmes, Examen du Discours sur la supériorité des femmes, 1400-1800,* Presses de l'Université de Québec, Montréal, 1977.

Aronson, Nicole, *Madeleine de Scudéry,* Twayne Publishers, Boston, 1978.

—————, "Les femmes dans les 'conversations morales' de Mlle de Scudéry", *Onze nouvelles études sur l'image de la femme dans la littérature française du XVIIe siècle.,* pp. 77-90, ed. Wolfgang Leiner, Gunter Narr, Tübingen/Jean-Michel Place, Paris, 1984.

Backer, Dorothy, A. L., *Precious Women, A Feminist Phenomenon in the Age of Louis XIV,* Basic Books, Inc., New York, 1974.

Berce, Yves-Marie, "Les femmes dans les révoltes populaires", pp. 57-63, *La Femme à l'époque moderne, XVIe-XVIIIe,* Actes du Colloque de 1984, Bulletin n° 9, P.U.P.S., Paris, 1985.

Cuénin, Micheline, "La Mort dans l'œuvre de Madame de Lafayette", pp. 89-119, *Papers on French Seventeenth Century Literature* (Actes de Toronto), n° 10/2, Tübingen, 1978-79.

Decaux, Sophie et Didier, *La France et les Français au temps des précieuses,* ed. J. C. Lattès (Histoire), Paris, 1982.

Dezon-Jones, Elyane, "Marie de Gournay: le je/u palimpseste", pp. 26-36, *L'Esprit Créateur,* Summer 1983, Vol. XXIII, n⁰ 2.

Duchêne, Roger, "La Veuve au dix-septième siècle", pp. 165-81, *Onze Etudes sur l'image de la femme dans la littérature française du XVIIᵉ siècle,* ed. Wolfgang Leiner, Gunter Narr, Tübingen/Jean-Michel Place, Paris, 1984.

Dulong, Claude, *La Vie quotidienne des femmes au Grand Siècle,* Hachette, Paris, 1984.

Fénelon, François de Salignac de la Mothe, *De l'Education des filles 1687),* éd. Emile Faguet, Paris, 1933.

François, Martha Ellis, *History: Reviews of New Books,* HELDREF Publications, Washington, D.C., 1977.

Genette, Gérard, éd. *L'Astrée,* 10/18, Paris, 1964.

Giraud, Yves, "Image et rôle de la femme dans le *Roman comique* de Scarron", *Onze Etudes sur l'image de la femme dans la littérature française du XVIIᵉ siècle,* ed. Wolfgang Leiner, Gunter Narr, Tübingen/Jean-Michel Place, Paris, 1984, pp. 55-70.

Gouesse, Jean-Marie, "La femme et la formation du couple en France à l'époque moderne", pp. 5-27, *La Femme à l'époque moderne, XVIᵉ-XVIIIᵉ,* Actes du Colloque de 1984, Bulletin n⁰ 9, P.U.P.S., Paris, 1985.

Hepp, Noémi, "La notion de l'héroïne", pp. 11-24, *Onze Etudes sur l'image de la femme dans la littérature française du XVIIᵉ siècle,* ed. Wolfgang Leiner, Gunter Narr, Tübingen/Jean-Michel Place, Paris, 1984.

Hilgar, France, "Héroïnes tragiques, héroïnes bourgeoises: variations sur une même image", pp. 13-23, *Onze nouvelles études sur l'image de la femme dans la littérature française du XVII ᵉ siècle,* ed. Wolfgang Leiner, Gunter Narr, Tübingen/Jean-Michel Place, Paris, 1984.

Jasinski, René, *Molière et Le Misanthrope,* Armand Colin, Paris, 1951.

Lathuillère, Roger, *La Préciosité: étude historique et linguistique,* Vol. I, Droz, Genève, 1966.

Leiner, Wolfgang et Bayne, Sheila, "*Cinna* ou l'agenouillement d'Emilie devant la clémence d'Auguste", pp. 147-63, *Onze Etudes sur l'image de la femme dans la littérature française du XVIIe siècle,* ed. Wolfgang Leiner, Gunter Narr, Tübingen/Jean-Michel Place, Paris, 1984.

Le Moyne, Pierre, *La gallerie des femmes fortes,* Antoine de Sommaville, Paris, 1647.

Livet, Georges, "Conclusion: esquisse d'une géographie féminine", pp. 93-104, *La Femme à l'époque moderne, XVIe-XVIIIe,* Actes du Colloque de 1984, Bulletin n° 9, P.U.P.S., Paris, 1985.

Lougée, Carolyn C., *Le Paradis des Femmes: Women, Salons and Social Stratification in Seventeenth Century France,* Princeton University Press, 1976.

————, "Noblesse, Domesticity and Social Reform: the education of girls by Fénelon and Saint-Cyr", *History of Education Quarterly,* Vol. XIV, Spring 1974.

Maclean, Ian, *Woman Triumphant (Feminism in French Literature, 1610-1652),* Clarendon Press, Oxford University Press, 1977.

Maintenon, Françoise d'Aubigné, Marquise de, *Lettres et entretiens sur l'éducation des filles,* éd. Théophile Lavallée, 2 vol., Paris, 1861.

Marks, Elaine et de Courtivron, Isabelle, éds., *New French Feminisms,* Schocken Books, New York, 1981.

Miller, Nancy K., "Tender Economies: Mme de Villedieu and the Costs of Indifference", pp. 80-93. *L'Esprit créateur,* Summer 1983, Vol. XXIII, n° 2.

Molière, Jean-Baptiste Poquelin, *Œuvres complètes,* 4 vol., éd. Georges Mongrédien, Garnier-Flammarion, Paris, 1964.

Morel, Jacques, "La place de la femme dans les *Caractères* de La Bruyère", pp. 99-109, *Onze Etudes sur l'image de la femme dans la littérature française du XVIIe siècle,* ed. Wolfgang Leiner, Gunter Narr, Tübingen/Jean-Michel Place, Paris, 1984.

Mourgues, Odette de, *An Anthology of Seventeenth Century French Lyric Poetry,* Oxford University Press, Clarendon French Series, 1966.

Poullain de la Barre, François, *L'Egalité des deux sexes* (1673), Arthème Fayard, Paris, 1984.

—————, *De l'Education des dames pour la conduite de l'esprit, dans les sciences et dans les mœurs, Entretiens* (1674), éd. Bernard Magné, Université de Toulouse Le Mirail, s.d.

Pure, Abbé Michel de, *La Pretieuse ou le mystere des ruelles,* éd. Emile Magne, 2 vol., Société des Textes Français Modernes, Droz, Paris, 1938.

Reynier, Gustave, *La Femme au XVIIe siècle: ses ennemis et ses défenseurs,* Jules Tallandier, Bibliothèque "Historia", Paris, 1929.

Richmond, Ian M., *Héroïsme et galanterie: L'Abbé de Pure, témoin d'un crise, 1653-1665,* éd. Neaman, Sherbrooke, Québec, 1977.

Ronzeaud, Pierre, "La femme au pouvoir ou le monde à l'envers", pp. 9-33, *XVIIe Siècle,* n° 108, Paris, 1975.

—————, "La femme dans le roman utopique de la fin du XVIIe siècle", pp. 79-98, *Onze Etudes sur l'image de la femme dans la littérature française du XVIIe siècle,* ed. Wolfgang Leiner, Gunter Narr, Tübingen/Jean-Michel Place, Paris, 1984.

Rousset, Jean, *La Littérature de l'âge baroque en France,* Corti, Paris, 1954.

————, *Anthologie de la poésie baroque française,* 2 vol., Bibliothèque de Cluny, Armand Colin, Paris, 1961.

Stanton, Domna C., *The Aristocrat as Art,* Columbia University Press, New York, 1980.

————, "Woman as object and subject of exchange: Marie de Gournay's *Le Proumenoir* (1594)", pp. 9-25, *L'Esprit créateur,* Summer 1983, Vol. XXIII, n⁰ 2.

————, "The Fiction of *Préciosité* and the Fear of Women", pp. 107-34, *Yale French Studies,* n⁰ 62, 1981.

Stauffenegger, Roger, "La femme et la religion en milieu protestant", pp. 45-56, *La Femme à l'époque moderne, XVIe-XVIIIe,* Actes du Colloque de 1984, Bulletin n⁰ 9, P.U.P.S., Paris, 1985.

Suchon, Gabrielle, *Traité de la morale et de la politique,* G.-S. Aristophile (pseud.), chez B. Vigneur, Lyon, 1693.

Sweetser, Marie-Odile, "La femme abandonnée: esquisse d'une typologie", pp. 143-78, *Papers on French Seventeenth Century Literature,* n⁰ 10/1, 1978-79.

Thuillier, Jacques, "La femme dans l'art français du XVIIe siècle", pp. 83-92, *La Femme à l'époque moderne, XVIe-XVIIIe,* Actes du Colloque de 1984, Bulletin n⁰ 9, P.U.P.S., Paris, 1985.

Truchet, Jacques, "Molière et *Les Femmes Savantes*", pp. 71-77, *Onze Etudes sur l'image de la femme dans la littérature française du XVIIe siècle,* ed. Wolfgang Leiner, Gunter Narr, Tübingen/Jean-Michel Place, Paris, 1984.

Viguerie, Jean de, "La femme et la religion en France, en milieu catholique, au XVIIe siècle", pp. 29-44, *La Femme à l'époque moderne, XVIe-XVIIIe,* Actes du Colloque de 1984, Bulletin n⁰ 9, P.U.P.S., Paris, 1985.

∞   ∞   ∞

Ouvrages et articles récents consultés:

—Dash, Irene G., *Wooing, Wedding and Power (Women in Shakespeare's Plays),* Columbia University Press, New York, 1981.

—*Diacritics,* Summer 1982: "Cherchez la femme / Feminist critique / Feminine Text".

—Duncan, Carol, "Fallen Fathers: images of authority in pre-Revolutionary French Art", *Art History,* Vol. 4, n° 2, June 1981.

— French, Marilyn, *Shakespeare's Division of Experience,* Summit Books, New York, 1981.

— Groult, Benoîte, *Ainsi soit-elle,* Livre de poche, Grasset, Paris, 1975.

— Leclerc, Annie, *Parole de femme,* Grasset, Paris, 1974.

— Mathieu-Castellani, Gisèle, *Mythes de l'Eros Baroque,* P.U.F., Paris, 1981.

— Michel, Andrée, *Le Féminisme,* "Que sais-je?", P.U.F., Paris, 1979.

— Shepherd, Simon, *Varieties of Feminism in Seventeenth Century Drama,* St. Martin's Press, New York, 1981.

— *Yale French Studies,* n° 62, 1981, ("Feminist Readings: French Texts/ American contexts").